L'Amérique
L'Améri
je ver
et je
que

LES ÉTATS-UNIS
QUESTIONS SUR
LA SUPERPUISSANCE
Nouvelle édition
GUILLAUME SERINA

LES ESSENTIELS MILAN

Sommaire

Espaces géographique et politique | 4-5

L'onde de choc du 11 septembre 2001
Une image troublée dans le monde | 6-7
Les défis du 44e Président | 8-9
Quelle Amérique à l'horizon 2020 ? | 10-11

Histoire : une destinée exceptionnelle
Les découvertes de l'Amérique | 12-13
Les colonies britanniques (1607-1776) | 14-15
La fondation des États-Unis (1776-1789) | 16-17
De la Constitution à la 1re Guerre mondiale (1789-1919) | 18-19
De l'entre-deux-guerres à la guerre froide (1920-1991) | 20-21

Institutions : la plus grande démocratie du monde ?
Le fédéralisme | 22-23
Une Constitution sacrée | 24-25
Le bipartisme | 26-27
Le système électoral | 28-29

La démocratie américaine à l'épreuve du temps
Les grands présidents du XIXe siècle | 30-31
Les grands présidents du XXe siècle (1) | 32-33
Les grands présidents du XXe siècle (2) | 34-35
La démocratie en crise | 36-37

Une puissance économique colossale
La puissance économique ébranlée | 38-39
Le géant technologique et le malade de la finance | 40-41
Social : un pays à deux vitesses | 42-43

Société : entre rêve et mirage
Une population multiculturelle | 44-45
Les tensions raciales | 46-47
Criminalité et peine de mort | 48-49
La religion | 50-51

L'*American way of life* : une culture mondiale
Les arts | 52-53
Le règne de la TV et d'Internet | 54
Le sport | 55
Les paradoxes d'une culture mondiale | 56-57

Approfondir
Glossaire | 58-59
Les grandes dates des États-Unis | 60-61
Bibliographie | 62-63
Index | 63

Les mots suivis d'un astérisque (*) sont expliqués dans le glossaire.

LA CHUTE DE L'EMPIRE ?

L'Amérique va mal. Au tournant de l'année 2009, elle se trouve en récession économique et s'est enlisée sur le front de deux guerres difficiles, en Irak et en Afghanistan. Son image dans le monde, après les deux mandats du président George W. Bush, est largement écornée. Au point que certains établissent un diagnostic inquiétant : tous les empires finissent par tomber. Assiste-t-on à sa chute ? Est-ce le début d'un déclin inexorable ? Les États-Unis arriveront-ils à tenir leur niveau, à l'heure où la compétition mondiale devient encore plus féroce, avec l'émergence de concurrents impressionnants en Asie ? Les défis à relever sont immenses, voire décourageants. Mais les États-Unis, qui demeurent l'unique superpuissance mondiale, ont beaucoup d'atouts à faire valoir : l'esprit d'initiative, les nouvelles technologies, des universités formant les cerveaux de demain et une population en mutation constante. Alors que le jeune Barack Obama entre à la Maison Blanche dans un élan historique (il est le premier Président africain-américain de l'histoire du continent), l'Amérique se trouve donc à un carrefour : le sursaut ou le coup d'arrêt.

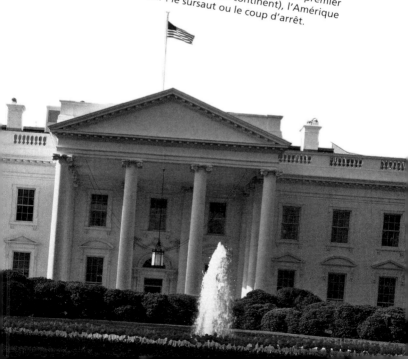

Espaces géographique et politique

Avec 9,3 millions de km², les États-Unis sont grands comme dix-sept fois la France. Ils constituent avec le Canada et le Mexique,

leurs deux voisins immédiats, l'Amérique du Nord.
Cette immensité est découpée et organisée en
50 États. Leurs frontières correspondent le plus
souvent à des rivières ou à des méridiens
et parallèles.

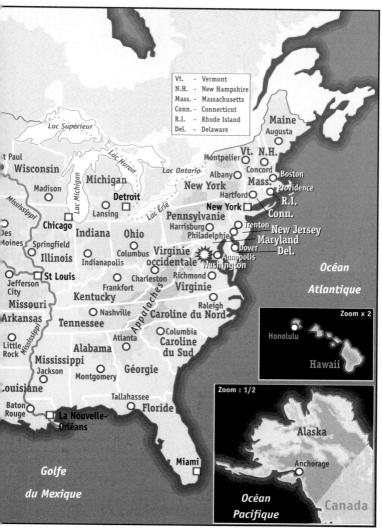

Une image troublée dans le monde

Attentat contre les tours du World Trade Center le 11 septembre 2001.

Alors que la majorité de l'opinion mondiale soutenait les États-Unis après le choc du 11 septembre 2001, l'engagement de l'administration Bush en Irak a plongé « les citoyens globaux » dans le désarroi.

Un président mal aimé

George W. Bush, fils du 41e Président, arrive au pouvoir dans de mauvaises conditions. Ayant perdu le vote populaire contre son adversaire démocrate Al Gore lors de l'élection de novembre 2000, il est « nommé » Président à la suite de la décision de la Cour suprême d'interrompre le recompte des bulletins dans l'État de Floride. Il est donc un président contesté dès sa prise de fonction. Neuf mois après celle-ci, les attaques terroristes contre New York et Washington DC, le 11 septembre 2001, marquent le début d'un retournement politique spectaculaire au sein du pouvoir américain. Inexpérimenté, George Bush subit l'influence d'un groupe de néoconservateurs qui l'encouragent à attaquer l'Irak de Saddam Hussein en représailles, bien qu'aucune preuve de lien entre ce régime et Al Qaeda – l'organisation islamiste qui a réalisé les attentats. Bush ordonne l'invasion de l'Irak en 2003, contre l'avis de ses alliés traditionnels (France et Allemagne) ou plus récents (Russie). Cet événement marque le début de la défiance.

Réélu en novembre 2004, le Président républicain affronte cependant un climat mondial largement refroidi. Même si l'Amérique a remporté militairement la première phase des opérations en Irak, elle

« L'axe du mal »
Le président Bush a désigné par ce mot, après le 11 septembre 2001, les États supposés dangereux pour une Amérique à la tête du « bien » : Irak, Syrie, Iran et Corée du Nord.

le choc du 11/09/01   histoire   institutions   la démocratie américaine

s'y trouve enlisée. Entre 2003 et 2008, la guerre aura fait plus de 5 000 morts américains. En 2005, après sa réélection, selon un sondage réalisé dans 21 pays, la majorité des personnes dans 16 de ces pays estiment « *la réélection de Bush négative pour la paix et la sécurité dans le monde* ». Au total, 58 % des 22 000 personnes interrogées sur les 5 continents jugent le mandat de Bush comme « négatif », contre 26 % de « positif ». Le rejet le plus fort se trouve en Turquie, en Allemagne et en France (source : GlobeScan et Program on International Policy Attitudes). À l'automne 2008, George Bush compte, durant plus de vingt mois consécutifs, moins de 25 % d'opinions favorables dans son propre pays.

La guerre d'Irak
Au printemps 2003, les États-Unis interviennent « préventivement » en Irak et chassent du pouvoir Saddam Hussein, qualifié de « menace » pour l'Amérique. Une guerre très contestée dans le monde entier.

Un sentiment anti-américain grandissant

Au Moyen-Orient, l'invasion de l'Irak et l'enlisement du processus de paix israélo-palestinien, durant ces huit dernières années, jouent dans la montée de l'anti-américanisme. L'opinion arabe rejette massivement la politique de George W. Bush et le nombre de manifestations et d'attaques d'institutions américaines s'est multiplié. En Europe, plusieurs centaines de milliers de personnes ont manifesté dans les rues leur ressentiment avant l'attaque de l'Irak : à Madrid, Rome, Londres ou Berlin, la déferlante contre l'Amérique n'avait jamais connu une telle ampleur. Lors de la campagne présidentielle de 2008, les deux candidats principaux, Barack Obama le démocrate et John McCain le républicain, ont convenu que « *l'image des États-Unis dans le monde est fortement dégradée* » (B. Obama) et qu'il faut « *changer de direction et redonner à l'Amérique sa grandeur* » (J. McCain). Le candidat républicain a même lancé, lors d'un débat télévisé, à son adversaire : « *Je ne suis pas George Bush.* » Pour la première fois en cinquante ans, le Président sortant ne s'est pas rendu à la Convention nationale de son parti, tenue en 2008 à Saint Paul (Minnesota), soulignant le malaise de son électorat.

La position américaine s'est rigidifiée depuis les attentats de septembre 2001, ce qui a eu pour conséquence de perdre un grand capital de sympathie dans le monde.

Les défis du 44e Président

Barack Obama, 44e président des États-Unis, doit faire face à des défis très difficiles : crise économique et financière, mondialisation et guerres au Moyen-Orient. Aura-t-il une marge de manœuvre suffisante ?

La réforme de la santé

Figurant parmi les priorités du président Obama, la réforme du système de santé sera difficile et coûteuse. Mais l'objectif de rendre universel l'accès à une couverture médicale semble validé localement et nationalement.

Une crise économique sans précédent

En juillet 2007, la crise dite des « subprimes », des prêts immobiliers à risque affectés par les banques à des foyers parfois sans revenu fixe, a fait éclater la « bulle » du crédit. La société américaine, depuis le début du XXe siècle, vit en effet en grande partie grâce à la possibilité d'emprunter et de rembourser. Mais le nombre croissant de personnes expulsées de leur domicile par des banques tentant de récupérer leur argent a provoqué une panique très rapide. D'abord aux États-Unis, puis dans le monde. Officiellement en récession économique depuis le dernier trimestre de 2008, les États-Unis ont vu de nombreuses institutions bancaires faire faillite. L'État fédéral, pourtant peu enclin à intervenir lorsqu'il est dirigé par les républicains, a dû se porter garant pour de nombreuses firmes. Résultat : l'inflation menace, le chômage augmente et la classe moyenne souffre sous les factures au quotidien. Les observateurs jugent qu'il s'agit de la plus grave crise économique depuis la Grande Dépression des années 1930.

Deux guerres sur le front oriental

Le nouveau Président doit répondre à une question insoluble : en Irak, peut-il retirer progressivement les troupes américaines sans les mettre en danger et sans laisser le pays basculer dans la guerre civile ? Barack Obama s'est engagé, lors de sa campagne électo-

le choc du 11/09/01   histoire   institutions   la démocratie américaine

rale, à ce que les États-Unis quittent l'Irak en seize mois, en rapatriant une brigade et demie par mois. Le pari ne peut fonctionner que si le gouvernement irakien s'organise et assure lui-même la sécurité de ses habitants. En

Afghanistan, les talibans ont repris l'initiative et progressé territorialement depuis 2007, malgré une présence renforcée des troupes de l'OTAN*, constituées en grande partie de soldats américains. Le sénateur de l'Illinois, en campagne électorale, a promis une nouvelle stratégie, en affirmant que l'Afghanistan était le vrai front de la guerre contre le terrorisme, et non l'Irak. Il a aussi appelé ses alliés européens, dont la France, à un plus fort engagement militaire. Comment la nouvelle administration procédera-t-elle dans ce changement de stratégie et comment cela se concrétisera-t-il sur le terrain ? Enfin, l'instabilité politique gagnant Islamabad, la question du Pakistan se pose de façon de plus en plus pressante.

La crise énergétique

Les États-Unis sont dépendants du pétrole provenant du Moyen-Orient (Arabie Saoudite, Koweït, Irak) et du Venezuela, deux zones du globe particulièrement instables. L'envolée régulière du prix du baril du pétrole depuis 2006 a mis plusieurs fois la population américaine, grande consommatrice d'essence automobile, en difficulté. Cette question récurrente, cumulée au réchauffement climatique, est devenue l'une des grandes priorités de la nouvelle administration. L'investissement doit atteindre 150 milliards de dollars en quelques années dans les nouvelles énergies (solaire, éolien, biocombustible). Objectifs : la création de 5 millions d'emplois « verts » aux États-Unis et le début d'une certaine indépendance énergétique vis-à-vis de l'étranger.

Sécurité planétaire, réchauffement climatique, crise économique et sociale : les défis sont immenses. Le premier Président noir saura-t-il les relever ?

Quelle Amérique à l'horizon 2020 ?

Les États-Unis sont en profonde mutation du point de vue démographique et social. La période post-11 septembre et la crise économique globale posent plus de questions qu'elles n'apportent de solutions.

Qui est vraiment Barack Obama ?

Celui qui a été plébiscité dans le monde entier est-il réellement connu de ses propres concitoyens ? Alors qu'il entre à la Maison-Blanche à l'âge de 47 ans, l'ancien sénateur de l'Illinois demeure un mystère pour bon nombre d'électeurs. Mais son message sur « l'espoir » et le « changement » a été soufflé suffisamment fort pour le porter la présidence. Obama, premier Président africain-américain, est né à Hawaii d'un père noir kenyan et d'une mère blanche du Kansas. Ses parents divorcent alors qu'il n'a que deux ans ; il est élevé par sa mère, remariée, en Indonésie, puis par ses grands-parents maternels, à Honolulu. Après des études à Los Angeles et New York, le jeune homme s'installe à Chicago en tant que travailleur social dans le quartier noir de la ville. Bien que décrochant son diplôme de droit à Harvard, il décide de revenir sur les rives du lac Michigan et d'y faire sa vie. Avocat en droit civique, puis professeur de droit constitutionnel à l'université, il se lance en politique en 1996. Barack Obama est élu au Congrès local de l'Illinois ; il y siège pendant huit ans et montre un intérêt particulier pour les questions du système de santé ou du contrôle de la vente des armes à feu. En novembre 2004, il est élu sénateur fédéral à Washington. Orateur talentueux et auteur de deux best-sellers, le démocrate lance sa campagne présidentielle à l'endroit même où Abraham Lincoln travaillait : devant le vieux capitole de Springfield (la capitale de l'Illinois). Ses thèmes du « changement » à Washington et de

Les Latinos aux commandes ?

Les Latinos ou Hispaniques représentent 35 % à 50 % de la population des États frontaliers du Mexique. Mais l'accès aux postes politiques et économiques importants leur demeure difficile.

le choc du 11/09/01 | histoire | institutions | la démocratie américaine

« l'espoir » retrouvé, placés sous la notion de l'unité de la nation américaine, convainquent plusieurs millions d'Américains, qui le préfèrent, au sein du Parti démocrate, à l'ancienne première dame et sénatrice de New York, Hillary Clinton. Qualifié à tort d'ultralibéral (c'est-à-dire à gauche dans le langage politique américain) par ses adversaires, Barack Obama est en réalité un démocrate traditionnel : sur la forme, on le compare à John Kennedy pour son charisme, mais ses idées sont plus proches de celles de Bill Clinton.

Un pays toujours divisé ?

Le 4 novembre 2008, Barack Obama l'emporte face à John McCain. Avec 66 millions de voix contre 57,8 millions (soit 53 % contre 46 %), la victoire est éclatante. Le démocrate dépasse non seulement le seuil de la moitié de l'électorat (une première pour un démocrate depuis Roosevelt), mais il gagne aussi dans des États traditionnellement conservateurs. Si l'Amérique du centre et du sud historique demeure globalement républicaine, celle des deux côtes et du Middle West bascule franchement du côté démocrate. Le même jour, les deux chambres du Congrès – le Sénat avec 57 sièges sur 100 et la Chambre des représentants avec 255 sièges sur 435 – voient la majorité du parti du Président renforcée. Barack Obama a fait campagne sur le thème de l'unité de la nation américaine, se plaçant au centre de l'échiquier politique. De fait, les études à la sortie des urnes indiquent qu'il l'a emporté dans presque toutes les catégories de la population, plus particulièrement chez les jeunes de moins de trente ans et chez les minorités ethniques. Avec 64 % de participation, les Américains égalent presque le record de 1960 (Kennedy contre Nixon). Pour autant, là où il l'emporte, le républicain John McCain creuse un écart important (plus de 60 % des voix parfois), montrant la fracture entre « deux Amérique », celle des villes et des banlieues et celle des zones plus rurales, fidèles aux valeurs traditionnelles (religion, famille, etc.).

L'avenir du GOP

Le Parti républicain (Grand Old Party) doit se réinventer après les défaites électorales de 2008. Quel leader face à Obama ? Opérera-t-il un recentrage de ses valeurs ou au contraire un virage plus conservateur ?

L'Amérique est sans cesse en mouvement. La composition de sa population évolue, son personnel politique aussi. On note cependant une division forte entre conservateurs et progressistes.

Les découvertes de l'Amérique

**Sur des millions de kilomètres carrés,
des hommes et des femmes venus d'autres
continents se sont sédentarisés. Et ont
formé une civilisation hétéroclite.**

Un immense espace

Un « pays-continent » à lui tout seul. Avant tout, il y a
une géographie : un espace de 9,3 millions de km^2 ;
4 500 km entre l'océan Pacifique à l'ouest et l'océan
Atlantique à l'est. 2 500 km du 49e parallèle au Rio
Grande qui marque la limite méridionale des États-
Unis. À l'ouest, la chaîne montagneuse des Rocheuses,
partie de l'Alaska et qui se prolonge, sur la partie
sud du continent, par la cordillère des Andes. À l'est,
la chaîne ancienne des Appalaches. Quelques grands
fleuves façonnent le paysage : le Missouri, le Mississippi
et, plus au nord, le Saint-Laurent. Dans cette immense
zone, tous les climats sont représentés, du plus aride
au plus froid, en passant par le tempéré.

Les Amérindiens

La majorité des historiens estiment que le peuplement
de l'Amérique s'est accompli par l'arrivée de vagues
successives de peuples asiatiques venus par le détroit
de Béring entre 50000 et 11000 av. J.-C. Puis jusqu'à
1000 avant notre ère. Lors de la période précédant
1000 av. J.-C., ces peuples sont semi-nomades. Jusqu'à
l'an 1000 environ, une Amérique moderne prend
forme avec l'agriculture, le tissage, la sculpture…
Chez ces Amérindiens, on distingue des traditions,
des langues différentes. Immensité de l'espace oblige.
Environ un million de personnes sont regroupées
dans une cinquantaine de tribus. Parmi les plus
connues : les Iroquois et les Mohicans au nord-est, les
Creeks au sud-est, les Comanches au sud, les Apaches
au sud-ouest.

Amerigo, America
L'Italien Amerigo
Vespucci aperçoit
le continent en
1498 puis accoste
au Brésil en 1502.
Il est le premier
à penser qu'il s'agit
d'une nouvelle terre
et non des Indes.
En hommage,
le géographe
Waldseemüller
proposera le nom
d'« America ».

Les expéditions vikings

Vers 982, Erik le Rouge quitte l'Islande avec sa flotte. Il installe une colonie au Groenland. Bjarni Herjulfson, parti à sa rencontre, s'égare vers l'ouest. Il aurait, le premier, aperçu la côte américaine. La première habitation en Amérique du Nord daterait de l'an 1000. Le fils d'Erik, Leif Ericson, désigne trois régions, qui sont la terre de Baffin, le Labrador et Terre-Neuve. La fin des colonies vikings se situerait autour de 1415. Vers 1450, des marins portugais seraient allés jusqu'à Terre-Neuve.

1492 : Christophe Colomb aux Caraïbes

Le navigateur génois embarque pour les Indes vers l'ouest pour le compte d'Isabelle la Catholique, reine de Castille. Ce voyage mène ses trois caravelles jusqu'aux Bahamas et Saint-Domingue. Colomb effectue un deuxième voyage, de 1493 à 1496, pendant lequel il établit une colonie à Saint-Domingue et découvre Porto Rico. En 1497, un explorateur italien au service du roi d'Angleterre, John Cabot, aborde Terre-Neuve. Colomb se lance dans un troisième voyage, en 1498-1500, pendant lequel il découvre Trinidad (c'est à cette occasion qu'il aurait aperçu le continent lui-même).

Les premières colonisations

La concurrence entre Espagnols, Portugais et Anglais fait rage. Il y eut donc au XVIe siècle diverses tentatives de colonisation. Les Espagnols, vers 1510, organisent une base aux Antilles et découvrent la Floride. Vasco Nuñez de Balboa, traversant le Panama, voit le Pacifique. Les Français, avec l'expédition de Verrazano, découvrent la baie de New York. Plus au nord, Jacques Cartier remonte le fleuve Saint-Laurent et établit les colonies françaises du Canada (1535). En 1584, le Britannique sir Walter Raleigh découvre l'île de Roanoke, dans la future Caroline du Nord. En hommage à la reine Élisabeth, il nomme cette région la Virginie.

John Cabot

Croyant partir pour la Chine et l'Inde, il fut le premier à suivre la côte nord du continent en 1497. Il récidive l'année suivante, disparaissant sans laisser de traces, peut-être dans la baie de Chesapeake.

Le territoire « vierge » des États-Unis est investi par plusieurs vagues de colons.

Les colonies britanniques (1607-1776)

En plus d'un siècle et demi, les Britanniques s'imposent à la concurrence. Un pays neuf se bâtit de façon inédite, s'organise, se développe, malgré les difficultés et les guerres.

Le navire *Mayflower* permit aux Pères pèlerins de débarquer dans le Massachusetts en 1620. Le don de nourriture par les Indiens locaux marque le début de la tradition de Thanksgiving*.

Une motivation politique et commerciale

Au début du XVIIe siècle, les Stuarts, à la tête du royaume, sont prêts à se lancer dans l'établissement de colonies outre-Atlantique. Ce sont des compagnies commerciales qui sont mandatées pour tenter l'aventure. Dès 1607, la Compagnie de Londres envoie une centaine de colons. Ils sont les premiers à réussir à s'établir durablement, avec la fondation de Jamestown, en Virginie. En 1620, la côte du Massachusetts voit l'arrivée des « Pères pèlerins », des puritains anglais réfugiés aux Pays-Bas. Également engagés par la Compagnie de Londres, ils abordent le cap Cod et établissent la colonie de Plymouth. Le mythe de la fondation des États-Unis retiendra, par souci de gommer les « défauts » des colons de Virginie, pourtant arrivés les premiers, que ce sont les Pères pèlerins qui ont « fondé » la nation américaine. Les compagnies de Londres et de Plymouth se partagent le territoire nord-américain. Ainsi, jusqu'en 1750, les colonies de New York, New Jersey, Pennsylvanie, Caroline et Géorgie sont fondées pour répondre à l'expansion démographique et commerciale. Au nord et au centre, les colonies s'appuient sur les activités maritimes et agricoles, assez diversifiées. Au sud (Virginie et Maryland), la monoculture du tabac s'impose.

Les premières villes

Les Britanniques ne sont pas les seuls Européens à s'établir en Amérique du Nord. Les Néerlandais fondent en 1613 un premier comptoir à Manhattan, qui deviendra Nieuw Amsterdam. Après un dur combat, les Anglais prennent la ville et la rebaptisent New York en 1664. Boston voit le jour en 1630, avec le développement de la colonie de la baie du Massachusetts. Chassé de là par l'intolérance religieuse, Roger Williams fonde Providence, dans le Rhode Island (1634). La population de la région augmente de façon considérable. On comptait 7 000 habitants en 1680, 28 000 en 1700, pour atteindre le chiffre de 326 000 en 1760. La Virginie étant, tout au long de cette période, la colonie la plus peuplée.

Le gouvernement des colonies

Les régimes de colonisation sont divers : propriétaires, compagnies à charte, etc. Mais toutes les colonies ont tendance, au milieu du XVIIIe siècle, à appliquer le même système avec un gouverneur choisi par un conseil de notables et une assemblée de colons. Un fonctionnement institutionnel prend forme. Dans la seconde moitié du XVIIIe siècle, la rivalité franco-anglaise sur le continent européen s'exporte outre-Atlantique. Les Anglais et leurs alliés iroquois éliminent la présence française. Cette guerre, accompagnée de l'importante croissance démographique et économique des colonies, permet à la couronne d'Angleterre d'accentuer sa mainmise. En 1760, huit des treize colonies sont directement placées sous le contrôle de Londres. Mais, *de facto*, les colons néoaméricains s'autogouvernent. Les treize colonies sont : New Hampshire, Massachusetts, Rhode Island, Connecticut, New York, New Jersey, Pennsylvanie, Delaware, Maryland, Virginie, Caroline du Nord, Caroline du Sud et Géorgie. Elles sont désormais également peuplées par des Irlandais, des Allemands, des Écossais.

Les colonies françaises

Après Jacques Cartier, les Français s'établissent au nord des colonies britanniques. Comme colonies commerciales, ils fondent notamment Québec (1608) et Montréal (1642). Ils seront présents jusqu'au Mississippi (Louisiane).

La concurrence politique en Europe se transporte sur le Nouveau Monde, mais ce sont les colons anglais qui imposent leur hégémonie.

La fondation des États-Unis (1776-1789)

Les années 1760 sont un tournant. Les colonies britanniques s'acheminent vers un regroupement, la constitution d'une nouvelle nation, souveraine et indépendante. Non sans une guerre.

La reconnaissance de l'étranger

Toute nouvelle nation assoit sa légitimité lorsque d'autres pays la reconnaissent. Les États-Unis d'Amérique sont reconnus par la France en 1783.

La révolution américaine

En cette seconde moitié du XVIIIᵉ siècle, la rivalité entre France et Angleterre atteint son paroxysme avec la guerre de Sept Ans. Les colonies britanniques et françaises d'Amérique du Nord en subissent les conséquences. La guerre fait rage entre Français et Anglais alliés aux Iroquois. Les Anglais l'emportent, si bien qu'à partir de 1763, les Français sont éliminés du territoire situé entre les Appalaches et le Mississippi. S'ensuit une guerre contre les Indiens, présents sur ce territoire.

Le traité de Paris (1763) confirme et fige juridiquement la totale domination britannique. Cette rupture d'équilibre déclenchera la marche vers l'indépendance. Le Sugar Act (1764), qui instaure une taxe sur le sucre d'origine étrangère à l'entrée de l'Angleterre, a des effets désastreux sur le commerce entre l'Amérique, les Caraïbes et l'Europe. À la suite du Stamp Act (1765), premier impôt levé dans les colonies sur les journaux, documents et actes juridiques, l'Assemblée de Virginie déclare que les impôts sont directement du ressort des colonies. La contestation est de plus en plus forte.

La guerre d'Indépendance

Le Tea Act, voté par le Parlement britannique en 1773, met le feu aux poudres. Les colonies refusent le monopole ainsi institutionnalisé de la Compagnie anglaise des Indes pour le thé. La rébellion des colons

le choc du 11/09/01 | histoire | institutions | la démocratie américaine

s'intensifie jusqu'au 16 décembre, où le leader patriote Sherman Adams jette symboliquement une cargaison de thé dans le port de Boston. Au printemps 1774, Londres tente de briser la révolte américaine par une série de décisions. En réplique, le Congrès continental des treize colonies se réunit, pour la première fois, à Philadelphie.

1775 : les troupes britanniques lancent la lutte contre les patriotes américains, emmenés par le général Washington. Ces derniers tiennent bon. Le 4 juillet 1776, le deuxième Congrès continental vote la Déclaration d'indépendance. Les treize colonies sont désormais des États unis et indépendants. La guerre dure officiellement jusqu'à la capitulation britannique du 19 octobre 1781, quelques mois après l'adoption de la Constitution fédérale (en mars). Les forces françaises (dont le marquis de La Fayette) ont joué un rôle crucial dans le soutien aux Américains. Le nouveau pays est alors composé de plus de 2 millions d'habitants.

La « Déclaration » : les grands principes de la nation

En quelques mots, la Déclaration unanime des États-Unis d'Amérique, rédigée par Jefferson, fonde une nouvelle nation. « *Nous tenons ces vérités pour évidentes par elles-mêmes que tous les hommes naissent égaux, que leur Créateur les a dotés de certains droits inaliénables, parmi lesquels la vie, la liberté et la recherche du bonheur ; que pour garantir ces droits, les hommes instituent parmi eux des gouvernements dont le juste pouvoir émane du consentement des gouvernés.* »

De mai à septembre 1787, la Convention de Philadelphie discute d'une Constitution fédérale et prévoit la future entrée des territoires situés à l'ouest de l'Ohio. Une fois la Constitution ratifiée, le premier Congrès se réunit en mars 1789 et élit dans la foulée le premier Président, George Washington.

La révolution américaine, violente, accouche d'un nouveau pays avec une Constitution fédérale et une Déclaration qui édicte les grands principes de cette nouvelle nation.

De la Constitution à la Première Guerre mondiale (1789-1919)

Le modèle institutionnel installé, la nouvelle nation s'applique à se développer, à l'abri des tumultes extérieurs, mais non sans violences intérieures. Jusqu'à l'année charnière de 1917.

La conquête de l'Ouest

L'« enfance » du nouveau pays est mouvementée. Une nouvelle guerre oppose Américains et Britanniques de 1812 à 1815. Mais la première moitié du XIXe siècle est marquée par la progression du territoire vers l'ouest. Dès 1803, la France vend la Louisiane aux États-Unis. Ce territoire, qui s'étend jusqu'aux sources du Missouri et de l'Arkansas, permet de doubler la superficie du pays. En 1819, l'Espagne vend la Floride aux Américains. La conquête de l'Ouest, véritablement commencée en 1843, est favorisée notamment par l'extension des propriétés terriennes, l'arrivée massive de main-d'œuvre d'Irlande et le chemin de fer. La recherche d'un nouveau bonheur, d'une terre de liberté religieuse (« *promised land* ») et de nouvelles richesses, comme la ruée vers l'or (l'aspect économique), motivent cette progression vers les terres vierges. De 1791 à 1865, pas moins de 21 nouveaux États entrent dans l'Union, du Vermont à la Californie, en passant par l'Alabama ou l'Oregon.

La question de l'esclavage et la guerre de Sécession

Le problème de l'esclavage, avec la traite des Noirs amenés d'Afrique par les compagnies commerciales, se pose dès l'Indépendance. En 1787, l'« ordonnance du Nord-Ouest » interdit l'esclavage à l'ouest de l'Ohio. En 1808, il est interdit d'introduire de nou-

La déportation des Indiens

De 1820 à 1838, les Indiens, déclarés incompatibles avec la vie civilisée, sont déplacés à l'ouest du Mississippi dans des conditions épouvantables. Ils sont 4 000 à mourir en combattant.

le choc du 11/09/01 | histoire | institutions | la démocratie américaine

veaux esclaves, mais ceux déjà présents le demeurent. Dans les années 1850, avec la conquête de l'Ouest et la création de nouveaux États (où l'esclavage est donc banni), les États esclavagistes redoutent de devenir minoritaires. Le courant antiesclavagiste progresse. La coupure entre pro et antiesclavagistes devient encore plus nette lors du scrutin qui porte Lincoln au pouvoir en 1860. Les États sudistes, esclavagistes, font sécession. L'Union se déchire et Lincoln œuvre pour le maintien d'un pays « entier ». Au bout de cinq années de guerre, le Nord ayant vaincu le Sud, le Congrès vote l'interdiction de l'esclavage en 1865. Lincoln, à peine réélu, est assassiné par un sudiste.

L'automobile, symbole d'un pays

Les firmes Ford et General Motors, installées à Detroit, sont le symbole du renouveau industriel. Au-delà de l'impact économique, la voiture accessible à tous représente la liberté.

La nouvelle puissance

Avec à peine un siècle d'existence, le pays doit déjà tout reconstruire sur les braises d'une guerre civile. Les années 1880 voient la croissance et le développement reprendre le dessus. En une dizaine d'années, plus de 4 millions d'immigrants entrent aux États-Unis. Cette nouvelle main-d'œuvre favorise l'essor économique. L'agriculture, fondée sur la monoculture, survit à l'endettement des fermiers, dans l'Ouest et le Sud. Le nord-est, quant à lui, voit l'industrialisation galoper. Le service public est réorganisé. En revanche, la fin du XIXe siècle voit de nombreux conflits sociaux dans le monde du travail, en pleine révolution tayloriste*. Les questions indienne et noire s'imposent à nouveau. Surtout, l'Amérique peut asseoir une vraie puissance monétaire, avec l'adoption de l'étalon-or en 1900. Sur la scène internationale, les États-Unis demeurent isolationnistes après la guerre contre les Espagnols (1898). En 1914, alors que la guerre frappe le Vieux Continent, Wilson opte pour la neutralité de son pays. En 1917, l'Allemagne inflige aux États-Unis la guerre sous-marine à outrance. Le Congrès déclare la guerre le 6 avril. Un million d'Américains participent aux batailles de la Meuse et de l'Argonne.

Une fois la frontière de l'Ouest et l'esclavage aboli, les États-Unis s'affirment sur la scène internationale au moment de la Première Guerre mondiale.

De l'entre-deux-guerres à la guerre froide (1920-1991)

Le xxᵉ siècle est celui de la puissance économique, politique et militaire. Après 1945, les États-Unis deviennent le leader du « monde libre » face au système communiste.

Le Jeudi noir : boursiers, agents de change, actionnaires… se rassemblent autour des banques de Wall Street pour essayer de retirer leurs biens.

La prospérité et la crise : la vie intérieure

Le modèle économique capitaliste atteint son apogée dans les années 1920. Le laisser-faire des présidents républicains Harding, Coolidge et Hoover emballe la machine. Taux de chômage bas, maîtrise des prix, activité culturelle intense : tout réussit à l'Amérique jusqu'au krach boursier du 24 octobre 1929. Le Jeudi noir* marque le début d'une nouvelle ère, celle de la crise, qui devient mondiale. Le démocrate Franklin Roosevelt, à la Maison-Blanche de 1933 à 1945, applique le schéma de l'État interventionniste. Son New Deal* (« nouvelle donne ») relance la machine américaine. La victoire de 1945 confère au pays un réel dynamisme économique. Mais c'est d'un point de vue social que les conflits apparaissent, alors que le fossé entre riches et pauvres se creuse. En 1949, Harry Truman lance son Fair Deal (« donne juste »), qui augmente notamment le salaire minimal. Le maccarthysme* divise un pays en proie au doute politique (1950-1954). La question noire est problématique. Si, de 1948 à 1954, plusieurs décisions vont en faveur de la non-ségrégation raciale*, il faut attendre les années 1960 pour que les choses évoluent. Plusieurs sit-in sont organisés par les Noirs dans des lieux qui leur sont interdits. Et c'est Lyndon Johnson qui, de 1964 à 1968, lance les lois civiques qui mettent théoriquement fin à la ségrégation. À partir du Watergate*, en 1974, c'est la confiance de la population en ses dirigeants qui

le choc du 11/09/01   histoire   institutions   la démocratie américaine

est en crise. Ronald Reagan, Président de 1981 à 1989, redore les certitudes américaines. Son action libérale aggrave néanmoins la fracture sociale.

Un adversaire identifié : le communisme et l'URSS

Si Staline, au pouvoir dès la fin des années 1920, inquiète les Américains, il demeure un allié dans la lutte contre l'Allemagne et le Japon. Après la guerre, l'occupation de l'Europe par les Occidentaux et les Soviétiques fige les cinquante années qui suivront. La doctrine communiste s'empare de la moitié Est du continent. La guerre froide* culmine lors des deux crises de Berlin, en 1948 puis en 1961, lors de la construction du mur. Le dialogue reprend, avec la bonne volonté de Kennedy et Khrouchtchev, jusqu'à la crise des missiles* à Cuba, en octobre 1962. La guerre est évitée de justesse. La concurrence spatiale et la présence d'Américains sur la lune en 1969 entrent également dans le cadre de cette lutte pour l'hégémonie mondiale. À partir de la fin des années 1970, plusieurs accords de limitation, puis de réduction des armes stratégiques (traités Salt et Start*) sont passés entre les États-Unis et l'URSS. Pourtant, c'est bien l'effondrement économique du bloc de l'Est, épuisé par les dépenses militaires, qui provoque la fin du système communiste en 1989-1991.

Les interventions extérieures

Au début du siècle, les États-Unis interviennent dans leur zone d'influence en Amérique latine : construction du canal de Panama de 1901 à 1914, intervention au Nicaragua en 1926. Ils font ensuite face aux conflits issus de la guerre froide : en Corée (1950-1953) et au Vietnam (1964-1973). Ils participent également au renversement de gouvernements socialistes en Amérique du Sud, favorisent l'installation de régimes autoritaires « de droite », comme au Chili (1973). Quant à Cuba, leurs tentatives pour éliminer le régime de Fidel Castro échouent à plusieurs reprises.

L'« épine » Cuba
À quelques kilomètres de ses côtes, le régime communiste de Fidel Castro, installé en 1959, « nargue » l'Amérique. Le problème cubain devient intérieur en Floride, où de très nombreux cubains d'origine pro et anti-castriste s'opposent.

Le XXe siècle est celui de la montée en puissance des États-Unis, malgré les crises boursière, économique et sociale. Ils dépassent les incertitudes liées à la disparition de l'URSS et de ses alliés.

Le fédéralisme

L'unification des États s'est étalée sur trois siècles.
Le système fédéral repose sur une interaction entre les États fédérés et l'État fédéral et sur une définition du « qui fait quoi ».

Porto Rico, le 51e État ?

Cette île des Caraïbes est rattachée aux États-Unis depuis 1898 et les Portoricains sont citoyens américains depuis 1917. « État libre associé », ce protectorat est représenté au Congrès, sans pouvoir prendre part aux votes.

L'organisation de l'État fédéral

Depuis 1959, avec l'admission d'Hawaii et de l'Alaska, les États-Unis comptent 50 États. Des États différents, de l'immense Alaska (1,5 million de km^2) au minuscule Rhode Island (3 233 km^2), de richesses inégales, de cultures diverses. L'État fédéral a pour capitale la ville de Washington, à la croisée du Maryland et de la Virginie, sur les bords du fleuve Potomac. Le fédéralisme exige une répartition précise des rôles entre l'État fédéral et les États fédérés. La Constitution de 1787 accorde ainsi au Congrès fédéral le pouvoir d'établir des impôts pour le « bien être général » et la « défense commune » ou de battre monnaie. Il est aussi de son rôle de déclarer la guerre et de conclure des traités.

Les pouvoirs de l'État fédéré

Chacun des 50 États dispose de sa propre Constitution. Leur organisation est comparable à celle de l'État fédéral : ils sont dotés d'un parlement à deux chambres (à l'exception du Nebraska, dont le parlement est monocaméral), le gouverneur est directement élu et la Cour de justice applique le droit. On note toutefois des différences de fonctionnement, de prérogatives, entre les 50 membres. Le droit civil, pénal, fiscal, le contrôle des armes, des drogues et des jeux, par exemple, sont de la responsabilité des États. En outre, ils ont généralement le contrôle sur le système éducatif, le maintien de l'ordre, l'aménagement du territoire et sur toutes les administrations locales (comités, districts, municipalités). La santé et l'aide sociale sont deux domaines partagés entre l'État fédéral et les États fédérés. Le fédéralisme n'est pas une notion figée.

Tout au long de son histoire, en fonction des périodes fastes ou de crise, l'État fédéral s'est plus ou moins impliqué dans les affaires intérieures des États. Deux grands hommes incarnent ce « modèle » américain.

George Washington (1732-1799)

Commandant en chef des troupes américaines lors de la guerre d'Indépendance, ce propriétaire terrien, député de Virginie, disposait déjà d'une bonne réputation militaire, acquise dans les années 1750 en combattant les Indiens et les Français. Au moment de l'unification des États, il préside les débats de la Convention constitutionnelle de Philadelphie (1787). On trouve en lui l'homme de la situation, au-dessus des intérêts divergents. Il est élu Président à l'unanimité le 4 mars 1789. Le général reste huit ans au pouvoir, menant une politique mesurée. Conscient de son rôle de garant de la cohésion nationale, il ne cède pas aux États réclamant plus de pouvoirs. Dans son discours d'adieu de 1797, il recommande à la jeune nation d'intervenir le moins possible dans les affaires du monde et d'éviter toute alliance avec un pays européen en cas de conflit sur le Vieux Continent. Pour le général, cela fragiliserait, en effet, l'indépendance du nouveau pays.

Thomas Jefferson (1743-1826)

L'auteur de la Déclaration d'indépendance représente les États-Unis à Paris de 1785 à 1789. De retour au pays, il devient secrétaire d'État (1790-1793) et s'impose en leader des républicains qui fonderont ensuite le Parti démocrate (*voir* pp. 26-27). Ardent défenseur des intérêts des États fédérés face au pouvoir central, il devient Président en 1801. Il effectue deux mandats. Jefferson plaide pour une stricte séparation entre les prérogatives de l'État fédéral et des États (le premier devant s'occuper des relations extérieures). Philosophe, architecte, il est le fondateur de l'université de Virginie.

Le drapeau de l'Union

Le célèbre *Stars and Stripes* synthétise histoire et organisation. Les 50 étoiles sur fond bleu symbolisent les 50 États. Les 13 bandes horizontales blanches et rouges représentent quant à elles les États fondateurs.

> L'État fédéral se voit attribuer la politique globale, et notamment extérieure, alors que l'État fédéré s'attache à gouverner l'administration locale.

Une Constitution sacrée

Les Américains vouent un véritable culte à leur Constitution, pierre angulaire de la nation. Datant de 1787, amendée mais jamais modifiée, elle établit les trois pouvoirs et leur séparation.

Les amendements

Si le texte de la Constitution n'a jamais été modifié, 27 amendements le complètent, le contredisent parfois. Les 10 premiers amendements, appelés le « Bill of Rights » (Déclaration des droits), ont été rédigés dès 1791. Le 1er amendement est celui qui sacralise la liberté d'expression et de culte.

Le pouvoir législatif

Le premier article définit le fonctionnement du Congrès, car en 1787 la représentation nationale est le premier principe de la démocratie. Le Congrès est composé d'un Sénat et d'une Chambre des représentants. Le Sénat est la représentation des États, il garantit donc l'expression du fédéralisme. Quelle que soit la taille des États, deux sénateurs siègent pour chacun d'eux. Il y a donc 100 sénateurs, élus pour six ans. Le Sénat se renouvelle par tiers tous les deux ans. La Chambre des représentants comporte 435 sièges. L'équivalent de nos députés sont élus pour deux ans, dans une circonscription définie en fonction du nombre de ses habitants (un représentant pour 410 000 habitants) à partir du recensement. Le Congrès vote le budget, les lois (« bills ») proposées par ses membres ou le Président, ratifie les traités et confirme ou infirme les nominations du Président.

Le pouvoir exécutif

L'article 2 décline les pouvoirs du Président. La Constitution a été taillée sur mesure pour Washington, mais l'Histoire autant que les personnalités ont fait évoluer la fonction. Le Président est le chef de l'exécutif, élu pour quatre ans (mandat renouvelable une seule fois depuis 1951) par le Collège électoral. Pour avoir une chance d'être élu, il faut être né aux

États-Unis, avoir 35 ans révolus et résidé pendant quatorze ans sur le sol américain. Un vice-président est élu en même temps que le Président et le remplace en cas de décès, de démission ou de destitution. Le Président s'entoure du « Bureau exécutif », un aréopage de conseillers. Il nomme ses ministres (« secrétaires ») dans les grands domaines : Affaires étrangères (département d'État), Défense, Justice, Trésor (finances)… Sa liberté de manœuvre est importante et il dispose d'un droit de veto*. Néanmoins, son pouvoir intrinsèque est moindre que celui du Président français. Il ne peut, par exemple, dissoudre les chambres et peut être soumis à une procédure d'*impeachment**.

La Maison-Blanche

Sa structure est connue dans le monde entier. La maison de la Pennsylvania Avenue, terminée en 1800, n'est pourtant devenue blanche qu'en 1814, après un incendie. Ses plans reproduisent ceux du palais de la Légion d'honneur, à Paris.

Le pouvoir judiciaire

Le système judiciaire est un rouage essentiel de la société américaine. La Constitution en établit ses grands principes, selon le modèle fédéral (chaque État a des lois différentes). Les premières juridictions sont les cours de districts, chapeautées par les cours d'appel. À l'étage supérieur de la structure pyramidale se trouvent les cours suprêmes de chacun des États. On franchit ensuite l'échelon fédéral avec la Cour suprême des États-Unis. Outre cette fonction de dernier recours, tout citoyen peut demander à la Cour suprême de casser une jurisprudence ou y assigner l'État fédéral. C'est la Cour qui décide si elle se saisit d'une affaire. Certaines grandes questions de société ont été tranchées par la Cour suprême : ce fut le cas de l'avortement ou de la peine de mort. Les neuf sages qui la composent sont nommés individuellement par le Président lorsque l'un d'eux prend sa retraite. Sa composition revêt ainsi un enjeu politique. En 2009, sept juges sur neuf avaient été nommés par des Présidents républicains (Ford, Reagan, George H. W. Bush et George W. Bush), deux par le démocrate Clinton. Au regard de l'âge de certains d'entre eux, le Président Obama aura sans doute à nommer entre un et trois nouveaux juges pendant son mandat.

La démocratie américaine fonctionne sur la séparation des pouvoirs et un subtil équilibre entre eux, c'est le *check and balance.*

Le bipartisme

Deux grands partis, républicain et démocrate, se partagent le pouvoir depuis deux siècles. On dit souvent que les points qui les rassemblent sont plus nombreux que ceux qui les différencient !

Les candidats indépendants

Le bipartisme est une tradition. D'autres partis existent, mais n'ont jamais gouverné. Lors d'élections présidentielles, le milliardaire Perot (en 1992 et 1996) et le Vert Nader (en 2000) ont attiré plusieurs millions de voix.

L'apparition des partis

Les formations politiques naissent dès la présidence de George Washington. À cette époque, les républicains-démocrates, liés à Thomas Jefferson, s'opposent aux hommes d'Alexander Hamilton, les fédéralistes. Si ces deux partis prennent vite le dessus dans les discussions politiques de la jeune nation, d'autres mouvements coexistent : le Parti du sol libre, le Parti antimaçonnique ou le xénophobe et anticatholique *Know Nothing* (dont on « ne sait rien » des activités de ses membres) emportent des suffrages relativement importants. Au niveau local, les organisations politiques se multiplient également. Dans l'État de New York, il y a ainsi un Parti libéral et un Parti conservateur. On recense également des partis « thématiques », comme le Parti prohibitionniste, qui tente d'obtenir l'interdiction totale des boissons alcoolisées. Jusqu'au milieu du XIXe siècle, les questions politiques portent sur l'étendue de l'action de l'État fédéral et sur ses rapports avec les États fédérés, ou encore sur la ségrégation raciale*. Mais les « petits partis » perdent peu à peu de l'influence, pour laisser la place malgré eux aux deux « partis mastodontes ».

Le Parti démocrate

Héritier des républicains-démocrates, le Parti démocrate tel qu'on le connaît aujourd'hui s'organise à partir de 1837. Le terme « républicain » est alors abandonné. Hétéroclite, cette organisation l'est à coup sûr. On y trouve des centristes, des « libéraux » au sens social et une frange plus « à gauche » (il n'y a aucune approche marxiste aux États-Unis, il n'existe pas réellement de « gauche » sur l'échiquier politique). Favoris des minorités ethniques, les démocrates prônent une plus grande justice sociale, une régulation du marché par l'État et préfèrent voir dans les Américains des groupes de personnes plutôt qu'une juxtaposition d'individus. Ils se définissent volontiers comme « progressistes » face aux républicains « conservateurs ». Les grands présidents démocrates de l'histoire récente s'appellent Roosevelt, Kennedy, Johnson et Clinton.

Le Parti républicain

Le Grand Old Party (GOP) a été créé en 1854. À l'époque, il se fondait sur un programme antiesclavagiste et a ainsi porté à la présidence Abraham Lincoln. Depuis le début du XXe siècle, les valeurs des républicains s'établissent en fonction d'une philosophie économique : l'État fédéral est souvent critiqué, la liberté individuelle sacralisée et le marché appelé à se réguler par lui-même. Comme son concurrent, le Parti républicain est une organisation composite. Il y a une aile modérée (à l'image d'un Eisenhower) et une aile plus conservatrice. Dans les années 1980, sous les présidences Reagan, on a assisté à l'émergence d'une nouvelle tendance au sein du parti guidée par la morale et la religion. La Christian Coalition* (« coalition chrétienne ») et les néoconservateurs ont acquis une influence certaine sous la présidence Bush. Aujourd'hui, le Parti républicain est bien implanté dans les États du Sud, mais s'est récemment retrouvé affaibli à l'Ouest. Les derniers présidents célèbres issus du GOP sont Nixon, Reagan et Bush. En définitive, les partis républicain et démocrate sont organisés de la même façon. L'avènement de la communication politique a fini de gommer les quelques oppositions idéologiques encore dominantes dans les années 1980.

L'âne et l'éléphant : le caricaturiste Thomas Nast, en 1870 et 1874, a trouvé les démocrates et les républicains respectivement têtus et lourds ! Les deux animaux sont ensuite devenus les emblèmes officiels des deux formations. Ici une caricature de la campagne présidentielle de 1928 : Al Smith chevauchant l'âne démocrate et Herbert Hoover chevauchant l'éléphant républicain.

Aujourd'hui, les deux grands partis n'ont pas de vie interne très vivante. Ils sont devenus des machines à gagner les élections.

Le système électoral

Si l'on en juge par la fréquence
et la variété des élections,
les États-Unis sont la plus grande
démocratie du monde.

Des élections nombreuses et variées

Il n'est pas exagéré de dire que les Américains
votent pour tout. Ils sont extrêmement sollicités.
Régulièrement, et parfois le même jour, ils vont
aux urnes pour désigner leur gouverneur, leur
représentant, leur sénateur (de leur État ou au
niveau fédéral), mais aussi des shérifs*, des juges,
des représentants scolaires, etc. Pour toutes les
élections, à quelques exceptions près, la même règle
prévaut. C'est le scrutin uninominal majoritaire
à un tour qui s'applique. Le candidat qui obtient
le plus de voix l'emporte. Précision importante :
le cumul des mandats est interdit. Les électeurs se
prononcent également parfois par des référen-
dums locaux, au niveau des municipalités ou des
États. L'exemple californien est édifiant, puisque,
depuis 1978, plus de quarante dispositions, de la
plus importante à la plus anecdotique, ont été prises
par ce biais.

L'élection de 2000

Un litige sur les bulletins de
vote de Floride a permis à Bush
d'emporter les Grands Électeurs
qui lui manquaient, sur la
décision de la Cour suprême
de stopper le recomptage des
bulletins. En nombre de voix
total sur l'ensemble du pays,
le démocrate Al Gore
l'emportait pourtant.

La présidentielle : un mécanisme complexe

L'élection présidentielle, qui a lieu tous
les quatre ans, n'est pas un scrutin au
suffrage direct. La course à la Maison-
Blanche commence généralement plus
d'un an avant le jour de l'élection, qui
est le mardi suivant le premier lundi de
novembre. Le calendrier est immuable.
Au sein de chaque parti, une première
sélection doit s'effectuer entre les diffé-

rents candidats. Une véritable lutte entre démocrates et entre républicains.
Les sympathisants et militants se prononcent lors
d'un processus d'élections
dites primaires (certains
États préfèrent organiser

un *caucus*). De février à l'été, État par État, on vote
pour les représentants qui, au final, choisiront le
candidat lors de la Convention du parti, en juillet,
en août ou en septembre. Cette réunion de quelques
jours est le temps fort de la vie du parti. Les représentants de chacun des États désignent le « ticket »,
composé des candidats à la présidence et à la vice-
présidence. Une fois les tickets élus, la véritable campagne présidentielle peut commencer : visites sur le
terrain, conférences et débats télévisés rythment les
semaines. Le jour du scrutin, les Américains votent
pour des Grands Électeurs qui, eux-mêmes, se réu-
niront en collège électoral dans leur État le premier
lundi suivant le deuxième mercredi de décembre.
Le ticket qui obtient le plus de voix remporte la
totalité des Grands Électeurs de l'État. C'est la règle
du *winner take all* (« le vainqueur rafle la mise »). Le
nombre de Grands Électeurs varie en fonction de la
population. Sachant qu'il y a 535 Grands Électeurs
(l'équivalent du nombre de sénateurs et de représentants cumulés, soit 100 + 435), la majorité absolue
à obtenir est de 270 voix. Par conséquent, les candidats doivent viser les « grands États » que sont, dans
l'ordre décroissant de Grands Électeurs, la Californie
(54), l'État de New York (33), le Texas (32) et la
Floride (25). L'élection de l'an 2000 a montré toute
la complexité de ce système (*voir* brève p. 28).
Le Président élu entre en fonction le 20 janvier de
l'année suivante. Devant le président de la Cour
suprême, lors d'une cérémonie officielle sur Capitol
Hill, il est investi en prêtant serment sur la Bible.

Le système
électoral,
notamment
l'élection
du Président
par suffrage
indirect,
incarne
le fédéralisme.

puissance
économique   société   une culture
mondiale   approfondir   **Les États-Unis** 29

Les grands présidents du XIXᵉ siècle

L'homme fait-il la fonction ou la fonction fait-elle l'homme ? Dès le XIXᵉ siècle, les États-Unis ont été gouvernés par quelques hommes exceptionnels dans des circonstances graves.

James Monroe (1758-1831)

Ce fils de famille de propriétaires de Virginie a connu une carrière fulgurante : étudiant en droit, il interrompt ses études pour s'enrôler lors de la guerre d'Indépendance. À 24 ans, il est élu à la Chambre des représentants de Virginie, puis sénateur républicain. Fidèle ami de Jefferson, il est envoyé à Paris en tant qu'ambassadeur. Au tournant du siècle, il occupe le poste de gouverneur de son État natal puis est nommé secrétaire d'État et secrétaire à la Guerre par le président Madison lors du second conflit contre l'Angleterre. Monroe entre à la Maison-Blanche en 1817. Il achète alors la Floride à l'Espagne et reconnaît, en 1822, les Républiques d'Amérique du Sud. Tout son poids s'affirme en politique étrangère. En 1823, il prononce un discours qui met en place un siècle de principe inaliénable : il avertit l'Europe qu'aucune tentative coloniale, territoriale ou monarchique en Amérique ne sera tolérée. Il renonce par ailleurs à toute implication dans les guerres en Europe. En somme, les États-Unis restent neutres mais s'offrent une véritable chasse gardée sur tout le continent américain. C'est la « doctrine Monroe », inspirée par son secrétaire d'État (et futur successeur en 1825) John Quincy Adams.

Les présidents assassinés

La fonction est exposée. Dans l'histoire américaine, quatre présidents ont été assassinés : Lincoln en 1865, Garfield en 1881, McKinley en 1901 et Kennedy en 1963.

---

le choc du 11/09/01 | histoire | institutions | la démocratie américaine

Andrew Jackson (1767-1845)

Le *self-made-man** Jackson est en quelque sorte le premier Président américain issu du peuple. Orphelin, issu d'une famille irlandaise, enrôlé dans la guerre d'Indépendance à 13 ans, planteur de coton et commerçant du Tennessee, Jackson connaît un destin incomparable. Remarquable militaire, il s'appuie sur ses victoires contre les Indiens Grees en 1814 et les Anglais en 1815 pour établir une popularité qui l'amène à la présidence en 1828 et 1832. Son hostilité à l'intervention de l'État dans l'économie et sa farouche défense des « petits » font que les Américains se reconnaissent dans son énergie débordante.

Abraham Lincoln (1809-1865)

Issu de l'Illinois rural, le jeune Lincoln milite pour le Parti conservateur. Avocat, il entre à l'assemblée de l'Illinois dans les années 1830. Plus tard, il participe à la fondation du Parti républicain, en pleine controverse sur l'extension ou non de l'esclavage (1850). Bien que réfutant les thèses abolitionnistes, Lincoln veut contenir l'esclavage là où il existe et empêcher sa poussée ailleurs. Il arrache l'investiture républicaine en 1860 et entre à la Maison-Blanche alors que sept États du Sud ont déjà fait sécession. Alliant fermeté et diplomatie, plaçant l'autorité de l'État au-dessus de tout, Lincoln parvient à maintenir les États « unis » et à libérer les esclaves après quatre années de guerre. Le héros national, réélu, est assassiné par un sudiste fanatique en avril 1865. On peut noter également l'importance de l'unique mandat de James Polk, entre 1845 et 1849, au cours duquel la Fédération intègre les États suivants : Texas (guerre avec le Mexique), Nouveau-Mexique, Californie, Arizona, Nevada, Utah, Oregon, Washington, Idaho, ainsi qu'une partie du Colorado et du Wyoming ! Plus tard, le démocrate Grover Cleveland, président de 1885 à 1889, puis de 1893 à 1897, est le premier à proclamer fermement la non-intervention de l'État dans l'économie.

L'impeachment*

En 1869, Andrew Johnson, après avoir été inculpé par la Chambre, a évité la destitution à une voix près. En 1974, Nixon a préféré démissionner avant sa condamnation. Aucun président américain en exercice n'a encore été « empêché ».

En quelques dizaines d'années, la fonction présidentielle se trouve renforcée par rapport au Congrès. Mais, au XIXᵉ siècle, les États-Unis ne demeurent qu'une puissance régionale.

Les grands présidents du xxe siècle (1)

Le xxe siècle voit les États-Unis devenir la première puissance mondiale. Quelques grandes figures ont d'ores et déjà leur place dans l'Histoire.

Franklin D. Roosevelt (1882-1945)

Il s'agit sans aucun conteste du plus grand Président du xxe siècle. De toute l'histoire des États-Unis, il est celui qui est resté le plus longtemps au pouvoir, de 1933 à 1945, repoussant la tradition de se limiter à deux mandats mise en place par George Washington lui-même. Gouverneur de l'État de New York depuis 1928, il bat le président sortant Hoover, sanctionné pour sa gestion de la crise économique de 1929. Roosevelt est le président de la reconstruction économique et sociale. Son New Deal* (« nouvelle donne ») est un véritable programme économique et social contre la crise, qui éloigne les États-Unis de leur conception purement libérale de l'économie et les fait entrer dans l'interventionnisme étatique.

En politique étrangère, Roosevelt est contraint d'entrer de plain-pied dans la guerre mondiale en décembre 1941 après l'attaque de Pearl Harbour par les Japonais. Il décède avant la fin de la guerre, si bien que c'est son successeur Harry Truman qui prend la délicate décision de larguer la première bombe atomique sur Hiroshima, en août 1945. Les États-Unis sortent grands vainqueurs du conflit et s'affirment comme les leaders du « monde libre » pendant toute la guerre froide.

> **La présidence Truman**
>
> **Vice-président de Roosevelt, il accède à la fonction suprême à la mort de celui-ci. Il met fin à la guerre et décide d'employer l'arme atomique contre le Japon. Sur le plan intérieur, il poursuit la politique de Roosevelt avec son Fair Deal (« donne juste ») qui impose le contrôle des prix et met en place une loi antigrèves.**

le choc du 11/09/01 | histoire | institutions | la démocratie américaine

Dwight Eisenhower (1890-1969)

Le général Eisenhower est un modèle. Sous sa présidence, de 1953 à 1961, on peut vérifier deux adages. Le premier est que les militaires au pouvoir sont souvent ceux qui rechignent le plus à faire la guerre. Le second est qu'il existe une tendance modérée au sein du Parti républicain. Élève de la grande académie militaire de West Point, il se fait déjà remarquer par son intelligence supérieure. Dès 1929, il monte régulièrement en grade, grâce notamment au général MacArthur, qui le prend sous son aile. Au début de la Seconde Guerre mondiale, il dirige la section des plans de guerre au Pentagone avant de devenir l'adjoint du chef d'état-major George Marshall. De 1942 à 1944, Eisenhower est commandant en chef des armées alliées en Afrique du Nord, en Italie et en Normandie. C'est à la tête de ses troupes qu'il reçoit la capitulation allemande à Reims le 7 mai 1945. Secrétaire à la Défense, puis « patron » de l'OTAN*, le général est élu président en 1952. Les deux mandats de Dwight Eisenhower sont placés sous le signe de la modération. Pragmatique sans doctrine, Eisenhower gouverne au centre-droit, d'autant qu'il doit faire face à une majorité démocrate au Congrès. Parfois sans autorité, selon ses détracteurs, il laisse en effet la « chasse aux sorcières » prendre de l'ampleur avec l'acharnement du sénateur McCarthy. Sur le plan économique, le général doit faire face à la montée du chômage et à la baisse de la production industrielle de l'après-guerre. Eisenhower décide d'étendre l'assurance sociale et de supprimer la ségrégation raciale dans l'armée. Les années 1950, ce sont aussi les années de la menace atomique dans le cadre de la guerre froide. Épaulé par son secrétaire d'État John Foster Dulles, il tente d'« endiguer » le communisme, en particulier en Asie du Sud-Est. Il met fin à la guerre de Corée en 1953. Eisenhower reprend un dialogue direct avec l'ennemi soviétique en accueillant Nikita Khrouchtchev aux États-Unis en 1959.

Quelques « ratages »

Certains présidents sont entrés dans l'Histoire pour avoir manqué leur mandat ! Qui se souvient de Harding (1921-1923) ? Dans les années 1970, Gerald Ford, voire Jimmy Carter, n'ont pas convaincu.

> Respectivement démocrate et républicain, Roosevelt et Eisenhower sont d'excellents exemples de champions de la popularité.

Les grands présidents du XXᵉ siècle (2)

Avec l'avènement de la communication, la politique prend un autre tour. John Kennedy et Ronald Reagan seront ceux qui maîtriseront le mieux leur image.

La présidence Lyndon Johnson (1963-1969)

Le Texan succède à Kennedy dans des circonstances tragiques. Enlisé dans le bourbier vietnamien (il ne se représente pas en 1968), il laisse une mauvaise image, malgré les lois civiques et les réformes sociales.

Le président Kennedy à Berlin (1961).

John F. Kennedy (1917-1963)

La légende ne doit pas occulter l'Histoire. Son assassinat par Lee Arvey Oswald le 22 novembre 1963 à Dallas et le mystère qui l'entoure, sa jeunesse et sa photogénie, l'incroyable destinée de l'ensemble de sa famille et les années 1960 elles-mêmes ont largement contribué à l'édification du mythe du président Kennedy, alors que son mandat a duré moins de trois ans. JFK est né dans une famille catholique irlandaise de Boston. Il est d'ailleurs le seul président catholique de l'histoire américaine. Fils de milliardaire, John et ses frères Robert et Edward font de brillantes études à Harvard. Après un passage remarqué dans la marine pendant la guerre, John se lance dans la politique en 1946. Représentant démocrate du Massachusetts, puis sénateur à la fin des années 1950, son ascension est fulgurante. Au Sénat, il se distingue avec Robert auprès de la classe politique et de l'opinion publique en présidant une commission d'enquête sur les syndicats. En 1960, John se lance dans la bataille présidentielle face au vice-président sortant, le républicain Richard Nixon. Kennedy l'emporte d'extrême justesse. La courte présidence de JFK est marquée par deux crises

le choc du 11/09/01 | histoire | institutions | **la démocratie américaine**

majeures de la guerre froide. En 1961, en soutien au chancelier Adenauer qui fait face à l'édification du mur de Berlin, Kennedy prononce dans la capitale allemande le fameux « *Ich bin ein Berliner* ». Un an après, en octobre 1962, il fait preuve d'une extrême fermeté face à la menace soviétique lors de la crise des missiles*. Toujours en politique étrangère, Kennedy a essuyé l'échec du débarquement à Cuba dans la baie des Cochons (une initiative de la CIA) en 1961 et a mis le doigt dans l'engrenage du Vietnam en envoyant les premiers spécialistes et soldats soutenir le Sud nationaliste face au Vietminh, le parti des communistes du Nord. Sur le plan intérieur, Kennedy fixe le cap de la « Nouvelle Frontière », thème mythique de la conquête américaine. Concrètement, il lance le programme spatial lunaire. Enfin, sur la question raciale*, il joue l'apaisement. Son successeur, Lyndon Johnson, imposera des droits civiques égaux pour tous.

La présidence George Bush (1989-1993)

Héros du Pacifique, il est un pur produit de l'establishment : ambassadeur, directeur de la CIA, vice-président de Reagan, il triomphe militairement dans le Golfe (1991) mais perd dans les urnes (1992) pour cause de récession économique.

Ronald Reagan (né en 1911)

Drôle de destinée pour ce natif de l'Illinois. Rien ne le prédestinait à occuper les plus hautes fonctions de la première puissance mondiale. Reporter radio, puis acteur à Hollywood, où il brille dans des films de série B, Ronald Reagan entre au Parti républicain en 1962. Quatre ans après, son charisme le propulse gouverneur de Californie jusqu'en 1974. Candidat du GOP en 1980, il bat le président sortant Jimmy Carter. De 1981 à 1989, il porte son programme conservateur (baisse des impôts, libéralisme économique) sous la bannière du « retour de l'Amérique » (*America is back*). Président très populaire, grand communiquant, il entame avec l'Union soviétique une course aux armements qui finira par épuiser le géant communiste. Revers de la médaille : un déficit public vertigineux, des riches plus riches et des pauvres plus pauvres. George Bush lui succède pour achever une douzaine d'années républicaines.

La première puissance mondiale a connu nombre d'alternances politiques. Si l'époque était aux idéologies, une fois élus, les meilleurs présidents ont su rassembler la grande majorité des Américains.

La démocratie en crise

L'Amérique est-elle réellement la première démocratie du monde ? Celle-ci traverse, depuis plusieurs années, une crise réelle. La faute à un système qui rencontre ses limites et à des facteurs extérieurs.

La démission de Nixon

Empêtré dans ses mensonges sur l'affaire du Watergate, Richard Nixon démissionne en août 1974. Il anticipe ainsi sa probable destitution, le Congrès ayant initié cette procédure pour entrave à la justice. Le vice-président G. Ford lui succède.

L'Irangate

Ronald Reagan a essuyé une tempête lors de cette histoire de ventes illégales d'armes à l'Iran dans les années 1980. Son entourage direct a été compromis, mais le Président a réussi à tirer son épingle du jeu.

La représentativité et l'abstention en question

Les Américains votent tous les deux ans pour toutes sortes de mandats, de la représentante scolaire au président, en passant par le shérif*. Cela suffit-il à expliquer l'augmentation significative du taux d'abstention ces dernières décennies ? Globalement, seulement un peu plus de la moitié des Américains en âge de voter (inscrits ou non) dépose un bulletin dans l'urne. Pour l'élection présidentielle de 1960, 62,8 % des Américains ont voté. En 1980, ils étaient 54 %. En 2000, 49,9 %. Autre exemple étonnant : lors des élections législatives de mi-mandat de 1994, seuls six États ont connu un taux de participation supérieur à 55 %. Or, dans la plupart des États, on peut s'inscrire sur la liste électorale le jour même du scrutin. Pourquoi donc une telle abstention ?

L'explication peut s'avérer sociologique, puisque, en fonction de sa classe sociale, de son origine ethnique et de son éducation, on vote plus ou moins. En somme, plus on est d'une classe favorisée, plus on vote. Et plus on est pauvre, plus on s'abstient. Cela souligne la désaffection grandissante de la politique. On ne croit plus qu'un vote puisse changer sa propre condition. Facteur aggravant, et contraire aux idées reçues : plus l'élection est locale, plus l'abstention est forte. Les Américains se reconnaissent-ils dans l'incarnation des deux partis dominants ? Lors des

le choc du 11/09/01   histoire   institutions   la démocratie américaine

élections présidentielles de 1992, 1996 et 2000, un troisième homme a, à chaque fois, joué le rôle de trublion. En 1992, la candidature du milliardaire texan conservateur Ross Perot a coûté la réélection de George Bush. 19 % des suffrages s'étaient portés sur son nom. Il a récidivé en 1996, rassemblant 8 % des voix. Lors de l'élection de 2000, le démocrate Al Gore s'est fait doubler sur sa gauche et décrédibiliser sur le terrain de l'environnement, son cheval de bataille, par le candidat du Green Party, Raph Nader, qui n'obtint pourtant que 3 % des suffrages. Bien que l'on soit par tradition familiale démocrate ou républicain, il semble que ce postulat soit de moins en moins vrai. En 2008, il semble que l'élan autour de Barack Obama a redynamisé l'engagement citoyen.

Argent, mensonges et vidéo

Le scandale du Watergate*, entre 1972 et 1974, a mis à mal la confiance des Américains. La démission de Nixon, pourtant triomphalement réélu quelques mois auparavant, a eu des répercussions qui se font encore sentir. La « présidence impériale » n'est plus. L'affaire a révélé les « magouilles » au plus haut niveau de l'État, l'importance de l'argent et la place grandissante des médias. Sans argent, impossible d'entrer en politique. Les campagnes électorales coûtent de plus en plus cher. En 2008, Obama et McCain ont dépensé un total d'un milliard de dollars. De fait, depuis quelques années, les candidats qui lèvent le plus de fonds l'emportent. Les raisons de cette inflation ? La durée des campagnes et le cumul des coûts des déplacements, des spots publicitaires, des instituts de sondages… Si le financement des campagnes fait l'objet d'une réglementation étroite, il est compliqué et sans cesse remis en cause. L'importance de la télévision a aussi contribué à dégrader le débat de fond. Un candidat non télégénique, qui use d'un discours sérieux mais barbant, a peu de chances face à un adversaire souriant adepte du « slogan qui tue ».

L'affaire Lewinsky

Le président Clinton a dû avouer une liaison avec une jeune stagiaire de la Maison-Blanche, Monica Lewinsky. Poursuivi pour parjure, sous le coup d'une procédure d'*impeachment**, Clinton a finalement été acquitté.

La démocratie américaine est en évolution constante. Ce modèle dans le monde est néanmoins de plus en plus souvent critiqué. Le XXIe siècle verra-t-il des changements importants dans le système ?

La puissance économique ébranlée

Royaume du capitalisme où la liberté d'entreprendre est un droit inaliénable, les États-Unis, toujours numéro 1 mondial, sont secoués en profondeur par la crise.

Des atouts considérables

153 millions : c'est le nombre de personnes actives aux États-Unis (source : Bureau international du travail, 2007). La population active augmente de 2 % chaque année. Depuis les années 1960, cet accroissement a permis globalement de compenser le manque de dynamisme économique grâce à l'arrivée sur le marché du travail des femmes et des minorités. Les ressources naturelles du pays sont considérables. La production agricole ne cesse de croître alors que les agriculteurs ne représentent que 2 % des actifs. Par exemple, les Américains cultivent 53 % du soja mondial et exportent 66 % du total mondial. Ces chiffres sont respectivement de 46 % et 70 % pour le maïs ; 18 % et 31 % pour le coton ; 12 % et 36 % pour le blé. Les États-Unis occupent aussi le premier rang de l'industrie agroalimentaire. Comme les autres sociétés occidentales, le secteur industriel est sévèrement en déclin depuis les années 1970 (en particulier l'automobile et la sidérurgie). Les États dont l'économie repose en grande partie sur l'industrie sont ceux du Nord-Est, autour des Grands Lacs (Michigan, Indiana, Ohio, Pennsylvanie). La véritable locomotive de la puissance économique est bien entendu le secteur tertiaire. Le boom de l'informatique et des nouvelles technologies a joué un rôle à l'échelle planétaire. En ce sens, la Californie tire le reste du pays. En fonction des périodes historiques, l'État est plus ou moins intervenu dans l'économie. Il faut donc trouver une explication du succès américain dans la liberté sacrée d'entreprise. Elle fait partie du mythe fondateur de l'Amérique : la nouvelle terre à faire

Dow Jones et Nasdaq

Les deux indices boursiers sont nés respectivement en 1896 et en 1971. Le premier cote des valeurs industrielles et emprunte son nom à deux fondateurs d'un groupe de presse. Le Nasdaq cote essentiellement des sociétés des nouvelles technologies.

le choc du 11/09/01 | histoire | institutions | la démocratie américaine

fructifier. Gagner de l'argent et gagner plus encore est une chose logique. Les *self-made-men** ne sont pas une légende.

Une monnaie plus faible et un système en déliquescence

Depuis 1945, le dollar s'est imposé comme monnaie forte dans le monde entier. La fin du système de Bretton Woods* en 1971 en a fait, en réalité, la monnaie étalon mondiale. La puissance du dollar et des multinationales telles que Microsoft, Kodak ou Gillette a permis aux Américains de régner sur le commerce international. Mais l'émergence de l'euro et son niveau maintenu élevé ont quelque peu affaibli la domination de la devise américaine. L'explosion du système du crédit, qui a commencé à l'été 2007 avec la fin de la bulle immobilière et le nombre décuplé de familles expulsées de leur domicile, met à mal le « modèle américain ». Alors que posséder sa maison faisait partie intégrante du « rêve américain », la faillite ou la mise sous tutelle par l'État de plusieurs institutions financières et banquières remettent en cause le principe même d'une société qui vit à crédit… c'est-à-dire endettée. Au seuil de l'année 2009, les États-Unis portaient par ailleurs une dette nationale à hauteur de 10 billions de dollars, ce qui représente une dette d'environ 35 000 dollars par habitant. Un record dans l'histoire du pays.

L'environnement, victime du système

L'une des victimes d'une société, dont l'un des fondements est le gain d'argent et la consommation à outrance, est sans nul doute l'environnement. Les États-Unis, premier pollueur mondial, dégagent plus de 10 tonnes de gaz toxiques par personne et par an. Les Américains produisent aussi deux à trois fois plus de déchets que les autres pays industrialisés. Dans les États industriels du Middle West et du Sud-Est, l'environnement est dans une situation critique, d'après des études prenant en compte quelque 200 indices de qualité.

La FED
La banque fédérale américaine est totalement indépendante. Par ses choix, elle donne l'impulsion à l'économie du pays. Alan Greenspan, son président de 1987 à 2006, dont l'action était louée, est désormais critiqué pour avoir fragilisé le terrain économique américain.

Pays du capitalisme roi à la croissance forte et au taux de chômage bas, les États-Unis sont à un tournant et doivent multiplier les efforts pour dépasser la crise économique de 2008-2009.

Le géant technologique et le malade de la finance

Les États-Unis cultivent de nombreux contrastes, avec d'immenses avancées et de surprenantes lacunes. Exemples avec l'innovation technologique et l'effondrement de la finance en 2008.

Nouvelles technologies : un leader incontesté

Elles s'appellent Google, Microsoft, Apple, IBM, America Online ou encore Yahoo. Ces firmes sont américaines et presque toutes situées en Californie, dans la Silicon Valley. L'Amérique a pris une avance considérable sur ses concurrents européens ou japonais dans les domaines de l'informatique, d'Internet et des nouvelles énergies. Malgré l'éclatement de la « bulle » Internet à la fin des années 1990 et au prix de regroupements parfois coûteux, le secteur des technologies électroniques en général représentera un chiffre d'affaire global de 5 billions de dollars en 2011 (source : Telecommunications industry association). Et les firmes les plus connues correspondent à près de la moitié de l'économie globale américaine en chiffres d'affaires. Au-delà de ces résultats impressionnants, les États-Unis ont misé sur leur système d'éducation supérieure de pointe. Les instituts spécialisés, tels que le Massachusetts Institute of Technology (MIT), le California Institute of Technology (CalTech), ou les grandes universités (Stanford, Berkeley et UCLA à l'Ouest ; Yale, Harvard, Princeton à l'Est), forment l'intelligence de demain, provoquant une « fuite des cerveaux » dans d'autres pays développés ou en voie de développement. Autour de ces grandes institutions se sont greffés de véritables pôles d'innovation, où les entreprises peuvent puiser dans les viviers que sont les campus. Le secteur des énergies propres devrait être le grand bénéficiaire de la décennie à venir, les grands

L'exception Californie

S'il était indépendant, cet État de la façade Pacifique serait la sixième puissance économique mondiale ! Les centres d'activité de Los Angeles et la Silicon Valley, creuset informatique près de San Francisco, sont des locomotives pour tout le pays.

le choc du 11/09/01   histoire   institutions   la démocratie américaine

groupes électroniques étant de plus en plus impliqués sur ce marché. Le pouvoir politique, sous l'administration Obama, devrait également encourager les investissements publics et privés dans le nucléaire, l'éolien, le solaire ou encore les biotechnologies.

La finance sinistrée

L'année 2008 aura vu le retournement de conjoncture économique le plus spectaculaire depuis la Grande Dépression provoquée par la crise de 1929. Alors que la finance (le secteur bancaire, conjugué à celui des crédits), appuyée sur un marché de l'immobilier très élevé depuis plusieurs années, s'avérait être une véritable locomotive économique pour l'ensemble du pays, son explosion met en danger l'économie mondiale. En 2007, les premières fermetures de firmes spécialisées dans le crédit à risque (comme Countrywide) ont pour conséquence un effondrement du marché de l'immobilier. Coût humain : des millions d'Américains forcés de quitter leur foyer, incapables de rembourser leur prêt. Coût économique : des dizaines de milliards de dollars perdus. Plus périlleux, c'est l'ensemble du système du crédit (les entreprises Fanny Mae, Freddie Mac) et une partie du système bancaire qui connaît des pertes considérables. Plusieurs PDG sont convoqués par la justice, certains d'entre eux ayant dissimulé les comptes réels de leurs établissements. La crise financière entraîne l'ensemble de l'économie américaine dans la tourmente. En octobre 2008, le secrétaire au Trésor, Henry Paulson, propose un plan de sauvetage d'entreprises à hauteur de 700 milliards de dollars, voté par le Congrès et soutenu par le futur président Obama, alors en campagne : il s'agit de recapitaliser par de l'argent public, au moins provisoirement, certaines institutions. Mais, à cette période, l'indice boursier Dow Jones connaît sa chute la plus grave en plusieurs séances. Au dernier trimestre de 2008, les États-Unis entrent officiellement en récession : croissance négative, chômage en hausse, consommation en baisse et menace d'inflation.

Enron, un « précurseur »

Première société au monde spéculant sur les marchés énergétiques, Enron a fait l'objet d'un scandale sans précédent, envoyant en prison ses dirigeants. Fin 2001, la justice établit la falsification des comptes de l'entreprise. L'action chute à 50 cents. Dans la spirale, la société de comptabilité Arthur Andersen tombe aussi.

Les États-Unis présentent un double visage : le géant économique, leader mondial, mais aussi des failles béantes dans un système en pleine remise en question.

Social : un pays à deux vitesses

Le système américain génère richesse et pauvreté. Pour recevoir une bonne éducation et se soigner convenablement, mieux vaut avoir de l'argent. Mais l'État assure quelques fonctions indispensables.

L'état de la pauvreté

Le système social américain n'est en rien comparable à ce que l'on peut trouver en Europe. 12,5 % de population est considérée comme vivant sous le seuil de pauvreté par les enquêtes officielles en 2007 (soit 0,4 % de plus qu'en 2002). Cette année-là, 37,3 millions de personnes étaient « pauvres », c'est-à-dire vivant avec 15 000 dollars par an. Le nombre d'enfants de moins de 18 ans vivant dans la pauvreté atteint désormais 18 % de cette classe d'âge. En 2007, 24,5 % des Noirs, 21,5 % des Hispaniques et 8,2 % des Blancs (« non-Hispaniques » selon la dénomination officielle) vivent dans des conditions de pauvreté. Parmi eux, plus des trois quarts vivent en ville. Ces taux sont en constante augmentation depuis plusieurs années. La pauvreté touche de plus en plus de femmes (près de 60 % du total des personnes « pauvres »), en particulier celles vivant seules avec enfants (source : U.S. Census, 2008).

L'égalité des sexes

De grandes avancées dans l'égalité des sexes ont été réalisées depuis 1945. La question de l'avortement demeure sensible : seuls 12 États remboursent l'interruption volontaire de grossesse. L'avortement est autorisé depuis 1973.

L'éducation est-elle en crise ?

Selon le 10e amendement de la Constitution, l'enseignement est du ressort des États et non de l'État fédéral. Bien qu'il existe un ministre de l'Éducation qui veille notamment au budget global, chacun des cinquante États fixe ses règles. De la maternelle au lycée, de 3 à 17-18 ans, le système est assez comparable à l'organisation française. En ce qui concerne les études supérieures, il existe quatre types d'établissements : les collèges, les écoles, les instituts (surtout spécialisés en sciences et technologies) et les universités. Certains de ces établissements sont connus dans le monde entier, comme les universités Harvard, Yale, Columbia ou le Massachusetts Institute of Technology. Du primaire à l'université, les écoles sont soit publiques soit privées. Ces dernières coûtent cher. Dans les années 1980, un rapport extrêmement alarmant avait pointé les faiblesses du système scolaire. Celles-ci se conjuguent avec les problèmes de pauvreté et de violence. Si l'obtention de diplômes d'enseignement supérieur est en nette augmentation depuis vingt ans, l'analphabétisme continue de toucher plus de 10 % des adultes dans un tiers des États, en particulier ceux du Sud : plus on est pauvre, moins on réussit à l'école.

Un système de santé défaillant ?

Il n'existe pas de « sécurité sociale » à la française. Ainsi, les Américains sont le peuple qui dépense le plus pour sa santé ; celle-ci est financée à 40 % par les autorités publiques sous divers programmes, à 30 % par les mutuelles privées et à 25 % par les particuliers. En ce sens, tout Américain qui vit « normalement » cotise à une assurance privée. Noter qu'au Texas et au Nouveau-Mexique, plus de 20 % des habitants n'ont aucune couverture santé. Au total, plus de 40 millions d'Américains sont dans ce cas, faute de moyens. L'État intervient tout de même dans un certain nombre de domaines. En 1935, le Social Security Act instaure une assurance vieillesse (comparable aux retraites en France) touchée par tous les Américains, mais qui doit être complétée par des fonds de pension car généralement insuffisante ; la même loi fédérale fonde le Medicare, une assurance maladie pour les personnes âgées de plus de 65 ans. L'autre grand programme de protection sociale date des années 1960, sous l'impulsion du président Johnson. Il met en place le Welfare State, et notamment le Medicaid (couverture maladie pour les pauvres, devenue inefficace) et les coupons d'alimentation.

La question homosexuelle

Les partisans du mariage entre couples du même sexe sont de plus en plus nombreux et estiment qu'il s'agit d'une question de droits civiques, au même titre que la lutte contre les discriminations raciales.
Le mariage homosexuel est légal dans le Massachusetts et dans le Connecticut. Un temps valide en Californie, il y est actuellement contesté.

Les États-Unis connaissent de graves problèmes sociaux.
Les réformes de certaines lois, très anciennes et mal adaptées, sont plus que nécessaires aujourd'hui.

Une population multiculturelle

Les États-Unis ont été, sont et seront une nation d'immigrants. Le mythe de la « terre promise » a d'abord attiré des populations européennes. Aujourd'hui, il s'agit d'une « nation-monde ».

Les vagues d'immigration

Tous les Américains sont issus de l'immigration. La première vague d'immigration vient d'Europe. Au XVIIe siècle, les colons sont anglais, néerlandais ou allemands. Au XVIIIe siècle, Michel de Crèvecoeur, un colon d'origine française, définit ce qu'est être américain : « *un mélange d'Anglais, d'Écossais, d'Irlandais, de Français, de Hollandais, d'Allemands et de Suédois.* » Il y a, bien entendu, les personnes qui fuient une situation, tels les Irlandais au milieu du XIXe siècle pour échapper à la crise agricole. Mais il y a aussi l'attrait de terres vierges ou la volonté de vivre sa propre religion (les puritains, en rupture avec les protestants anglais). De 1820 à 2000, plus de 70 millions d'immigrants sont venus aux États-Unis. L'essor principal a lieu à partir de la fin du XIXe siècle. Les Européens du Sud et de l'Est (Italiens, Grecs, Turcs, Russes, Polonais) arrivent en masse. Ils ne parlent pas l'anglais et sont de confessions différentes. Depuis le milieu du XXe siècle, c'est une troisième vague de nouvelles régions du monde qui déferle. Les Latino-Américains (appelés « Hispaniques ») viennent du Mexique, d'Amérique centrale, de Cuba, de Porto Rico, etc. Les Asiatiques (Chinois, Japonais, Coréens…) entrent en nombre, le plus souvent côté Pacifique. Donnée relativement récente : depuis les années 1970, on note une immigration du monde arabe.

> **Le génocide indien**
>
> Les deux millions de *Native Americans* ne représentent plus que 1,6 % de la population et vivent dans des réserves du Sud et de l'Ouest. À partir de la fin du XVIIIe siècle, les colons les déciment systématiquement, spoliant terres et biens.

le choc du 11/09/01 | histoire | institutions | la démocratie américaine

Les Américains d'aujourd'hui

Il y a aujourd'hui plus de 300 millions d'habitants aux États-Unis. Les États les plus peuplés sont la Californie, l'État de New York et le Texas. Ces trente-cinq dernières années, les États du Sud et de l'Ouest ont connu le plus grand essor démographique : l'État de Washington, la Californie, l'Utah, le Colorado, le Nouveau-Mexique, le Texas et la Floride ont vu leur population augmenter de plus de 50 %. Quant au Nevada et à l'Arizona, leur population a doublé depuis les années 1970. Les projections démographiques indiquent que la population américaine devient plus âgée et plus diverse. En 2008, les « seniors » sont près de 40 millions. En 2030, les « baby boomers » auront 65 ans et plus ; ils représenteront alors un Américain sur cinq. L'espérance de vie est de 76,8 ans. Environ trois-quarts des Américains vivent en zone urbaine. Mais plus qu'en centre-ville, ils habitent dans les *suburbs**. « *Nous résoudrons les problèmes des villes en les quittant* », disait Henry Ford…

Melting-pot ou salad bowl ?

Le mythe du melting-pot* (« creuset ») a la vie dure. Cette image tend à montrer que les immigrants se fondent dans la société et qu'ils deviennent Américains sans grande difficulté. Cependant, le melting-pot est plus un idéal qu'une réalité. De nos jours, il serait sans doute exact de parler de salad-bowl (« saladier »). En effet, les ingrédients qui composent la « salade » ne se fondent pas les uns avec les autres, mais ils demeurent entier. Ils participent à la saveur du plat. Aujourd'hui, la population des États-Unis est composée à 65,6 % de Blancs, à 15,3 % d'Hispaniques, à 13,5 % de Noirs, à 5,1 % d'Asiatiques et à 1,6 % de Native Americans (source : U.S. Census, août 2008). En 2042, les minorités seront… majoritaires dans un pays de plus de 400 millions d'habitants.

Les ghettos

Les immigrés se rassemblent dans les mêmes quartiers, autour des centres-villes. Phénomène logique de regroupement culturel à l'origine, le ghetto est aujourd'hui synonyme d'exclusion.

De la « nation européenne » à la « nation mondiale », les États-Unis sont une somme de diversités ethniques et culturelles.

Les tensions raciales

Le racisme, s'il n'est plus officiellement institutionnel, reste d'actualité. Les tensions entre communautés demeurent grandes dans un pays où toutes les ethnies cohabitent.

Le Ku Klux Klan

Cette organisation raciste est née en 1867, après la guerre de Sécession et la défaite des esclavagistes. L'« empire invisible du Sud » terrorise la population noire. Le KKK, qui renaît dans les années 1920, n'est plus aujourd'hui qu'un groupuscule, mais toujours aussi radical.

Le symbole Diallo

Le jeune Amadou Diallo a été abattu de 41 balles par la police new-yorkaise en 1999. Il n'était pas armé. Il est devenu le nouveau symbole du militantisme noir en ce début de millénaire.

La question noire

Dans l'histoire nord-américaine, le « problème noir » est sans aucun doute le plus emblématique des tensions raciales*. D'abord parce que les Noirs ont été, jusqu'à une date très récente, la minorité la plus importante, aujourd'hui légèrement dépassée par la minorité hispanique. En 2008, on compte près de 40 millions de Noirs, soit 13,5 % de la population totale (source : U.S. Census 2008). Cette population est jeune et croît plus vite que la population blanche. Les Noirs vivent à 85 % dans les villes et 70 % d'entre eux habitent dans les ghettos des centres-villes. Un Noir sur trois appartient à la « classe moyenne » et gagne entre 25 000 et 50 000 dollars par an. Mais deux tiers d'entre eux sont dans une situation difficile. La revendication de leurs droits a commencé à porter ses fruits après la guerre de Sécession. En 1865, le 13e amendement supprime l'esclavage. En cinq ans, les Noirs obtiennent l'égalité avec les Blancs, la citoyenneté américaine et le droit de vote. Mais les États du Sud, dans la pratique, demeurent discriminatoires. Les lois civiques des années 1960, impulsées par Kennedy et Johnson et obtenues sous la pression de personnalités comme le pasteur Martin Luther King ou des mouvements radicaux comme les Black Panthers, mettent fin à la discrimination au travail et imposent l'Affirmative Action, une politique de quotas obligatoires de représentation des minorités. L'accession à la Maison-Blanche d'une famille africaine-américaine changera-t-elle les choses ?

le choc du 11/09/01 | histoire | institutions | la démocratie américaine

La discrimination existe-t-elle toujours ?

En théorie, non. En pratique, oui. Les statistiques officielles (recensement 2000) démontrent que l'égalité des chances n'existe pas aux États-Unis. Alors que le nombre d'étudiants noirs est de plus en plus important, seulement 13 % d'entre eux font un deuxième cycle à l'université (contre 24 % de Blancs). En termes d'échec scolaire, les chiffres sont effrayants. Par conséquent, difficile pour eux de parvenir à des professions de « catégorie supérieure ». On estime à 1,5 % les Noirs qui occupent un « emploi haut de gamme » alors que 25 % d'entre eux exercent un métier de faible qualification. Le chômage touche deux fois plus les Noirs que les Blancs (9 à 10 % contre 4 à 5 %). Et la moitié des jeunes Noirs sont sans emploi. Dans le chapitre « violence, criminalité et santé », la population noire occupe les premiers rangs. Les Noirs des ghettos sont particulièrement exposés à la drogue, au sida et à la délinquance. Ainsi, la première cause de décès des jeunes Noirs est le meurtre. Les African Americans sont la minorité qui se fait le plus arrêter par la police (80 %) et représentent la moitié de la population carcérale. Un tiers de cette population est atteint du sida. Si la question noire est symbolique des tensions raciales, elle n'est pas pour autant exhaustive. Aujourd'hui, la minorité ethnique qui connaît la plus forte progression démographique est celle des Hispaniques. Les Asiatiques sont également plusieurs millions. Dans les États du Sud, le racisme, notamment envers les *chicanos* (les Sud-Américains) a survécu aux tentatives de non-discrimination. La xénophobie est également forte dans les grandes villes où les minorités sont… majoritaires, comme à Detroit, Michigan (60 % de Noirs), à Washington DC (70 % de Noirs) ou à San Antonio, Texas (50 % d'Hispaniques).

À New York, en 1968, manifestation des Black Panthers pour la libération du leader de leur mouvement, Huey P. Newton.

> La société américaine est cloisonnée, les groupes ethniques se mélangeant très peu. Au problème de la violence, en partie lié aux tensions raciales, s'ajoute la discrimination au travail.

Criminalité
et peine de mort

**La société américaine est une société
violente : délits, crimes, trafic de drogue.
Les prisons sont surchargées et la peine
de mort est toujours appliquée dans
certains États.**

Des chiffres impressionnants

Par rapport aux autres démocraties occidentales, les
États-Unis détiennent le record des délits et des crimes. On note 7,4 homicides pour 100 000 habitants,
ce qui est considérable. En Europe, ce chiffre est de
1,7 et au Japon de 0,6. On estime à un quart la pro-
portion de femmes qui sont violées ou menacées de
viol tout au long de leur vie. Ce chiffre est une
moyenne basse, le viol conjugal n'étant pas reconnu
dans 29 États. La violence armée concerne de plus
en plus de jeunes âgés de 15 à 24 ans, à un niveau
5 fois supérieur à celui de la France. Les prisons
américaines sont pleines : environ 2 millions de personnes y sont enfermées, dont la moitié de Noirs.
Les causes de cette criminalité record, sans cesse en
augmentation, sont diverses et contestées. Certains
parlent d'une histoire sanglante : guerre d'Indépendance, guerre de Sécession, conquête de l'Ouest,
génocide indien… D'autres mettent en cause la
vente peu réglementée et la circulation d'armes à
feu. Les pro-armes s'abritent derrière le 2e amendement de la Constitution pour justifier le droit de
posséder une arme à feu chez soi. Il y aurait 200 millions d'armes à feu en circulation aux États-Unis
aujourd'hui, soit près d'une arme par habitant.
Cette violence est relayée par la télévision, dans la
fiction comme aux informations locales, qui font
la part belle aux faits divers. Le fléau de la drogue

La « prohibition »
De 1919 à 1933,
la prohibition de
l'alcool est imposée
(production et
vente). Mais une
large contrebande
est organisée,
profitant aux
gangsters, parmi
lesquels Al Capone.

le choc
du 11/09/01   histoire   institutions   la démocratie
américaine

sévit particulièrement aux États-Unis, considérés comme « le » pays consommateur de drogue ; on estime à 11 millions le nombre d'utilisateurs de drogue – d'abord considérés comme des criminels – dont un peu moins de 1 million

> **La National Rifle Association**
> Ce puissant lobby qui défend la libre circulation et la possession d'armes à feu à domicile pour le plus grand nombre compte plus de 3 millions d'Américains dans ses rangs.

d'accrocs aux drogues dures (héroïne, cocaïne, crack). Les États-Unis sont le marché le plus ciblé par les cartels d'Amérique latine et d'Extrême-Orient.

L'avenir de la peine de mort

Les États-Unis sont le dernier pays industrialisé à appliquer le châtiment suprême. Sur les 50 États, 14 ont suspendu ou aboli la peine de mort depuis le rétablissement de son autorisation par la Cour suprême en 1976. Depuis cette date, plus de 850 personnes ont été exécutées dans les 36 États concernés. Environ 20 exécutions ont lieu tous les ans. Selon les États, les méthodes d'exécution divergent : pendaison, injection, chaise électrique, chambre à gaz ou peloton d'exécution. On estime de 60 à 70 % la population favorable à la peine de mort. Néanmoins, on note, depuis le début des années 2000, une certaine prise de conscience sous la pression de militants abolitionnistes bien organisés et de l'interpellation d'autres pays. L'Illinois a par exemple décidé un moratoire sur toutes les exécutions après que plusieurs innocents ont été mis à mort. Sur les 36 États dans lesquels la peine de mort est autorisée, environ la moitié ne l'applique plus dans les faits (le Texas étant l'État qui exécute le plus de condamnés). Et, en 2005, la Cour suprême a interdit les exécutions des mineurs (au moment des faits) et des handicapés mentaux. Une victoire pour les abolitionnistes. Le nombre d'erreurs judiciaires aux États-Unis serait supérieur à la moyenne des autres démocraties occidentales, comme l'ont révélé de récentes enquêtes.

> La lutte contre la criminalité est l'un des grands challenges de l'Amérique d'aujourd'hui.

La religion

Impossible de comprendre les États-Unis sans prendre en compte l'aspect religieux. Partie prenante de l'histoire, la religion modèle encore en partie la société américaine d'aujourd'hui.

La foi, fondement de la République ?

One nation under God (« une nation sous Dieu ») comme devise nationale ; *In God we trust* (« en Dieu nous croyons ») inscrit sur les billets de banque ; un président qui prête serment sur la Bible... La dimension religieuse dans les symboles des États-Unis saute aux yeux. 90 % des Américains disent croire en Dieu. Toutefois, il n'y a pas de religion officielle aux États-Unis : il s'agit d'un pays laïque. Le premier amendement de la Constitution permet la liberté de culte et il y a séparation entre les Églises et l'État. Au total, il y aurait près de 1 500 groupes religieux différents sur le sol américain.

La religion fait son entrée sur le continent en même temps que les premiers colons. Les puritains étaient des protestants rigoureux, en conflit avec les anglicans, trop progressistes à leurs yeux. Leur vision est une lecture littérale de la Bible et leur objectif est de fonder une société pure. Les États-Unis se sont donc créés sur un terreau religieux synonyme de rupture avec la couronne britannique.

Le protestantisme

Près de 60 % des Américains appartiennent à l'Église protestante. Mais le temps, les diversités sociales et géographiques ont fait que cette Église s'est scindée en de multiples branches « sœurs » : les baptistes (30 millions de personnes), les méthodistes, les luthériens, les presbytériens, les épiscopaliens, les disciples du Christ et les congrégationalistes sont les sept confessions principales (les *mainline churches*). Il existe des groupes plus minoritaires, plus radicaux, comme les pentecôtistes ou les adventistes. Le sud du pays, très pratiquant, est plutôt conservateur. On appelle la *Bible Belt* (la « ceinture de la Bible ») les régions allant du Texas à la Virginie.

Les autres religions des Américains

La deuxième religion, en nombre de fidèles, est le catholicisme. 25 % des Américains sont catholiques, soit 60 millions de personnes. Le catholicisme s'est implanté en Amérique du Nord dès le XVIe siècle par la venue de missionnaires espagnols, portugais et français. Le catholicisme progresse aujourd'hui fortement, porté par la population hispanique. Les juifs sont très présents aux États-Unis, avec près de 6 millions de pratiquants (6 % de la population). Ils vivent surtout autour des Grands Lacs, dans les grandes villes de la côte Est et en Floride. La présence de musulmans s'est accrue depuis les années 1980, lorsque des immigrants de pays arabophones sont venus. On dénombre aujourd'hui 5 millions d'Américains musulmans. Historiquement, de nombreux Noirs ont choisi cette religion en hommage aux premiers esclaves africains, en majorité des musulmans qui avaient été convertis de force. La poussée des Black Muslims, emmenés par Malcolm X, avait été importante dans les années 1960. Il existe bien d'autres religions minoritaires en Amérique, comme l'Église de Jésus-Christ des Saints des Derniers Jours, autrement dit les mormons (fondée en 1830, dans l'Utah). Ils sont près de 5 millions. Les quakers, présents en Pennsylvanie depuis le XVIIe siècle, prônent une vie simple, égalitaire et sans confort. Ils ne sont plus que 100 000 aujourd'hui.

> **Les sectes**
>
> Elle sont nombreuses (environ 1 500) et plus ou moins puissantes. L'Église de scientologie et les Témoins de Jéhovah ont beaucoup de succès. On se souvient des davidiens, tués collectivement à Waco en 1993.

> L'Amérique est un pays profondément religieux, même s'il s'agit d'un pays laïque.

Les arts

La culture américaine est vivante et diverse. Riche de son dynamisme, elle épouse facilement son époque et les modes. Les Américains, contrairement aux idées reçues, y sont très attachés.

Une richesse inégalée

La culture américaine trouve dans sa diversité une richesse sans comparaison. Les États-Unis sont un pays jeune et dynamique. Son architecture, sa littérature, sa peinture, sa musique et son cinéma sont à cette image. C'est pourquoi il a fallu faire une sélection, un choix suggestif, pour aborder le sujet. Les années 2007 et 2008 ont vu le genre du R'n'B s'imposer dans les classements des meilleures ventes de disques au détriment du rock et de la pop, notamment auprès d'un public plus large. Et ces dernières années, Hollywood a produit plus que jamais des films de super-héros. Gros plans.

Le hip-hop en vogue

À la fin des années 1990 et au tournant des années 2000, le hip-hop s'impose comme le genre musical le plus populaire de l'industrie musicale. Né vers 1980 dans les quartiers noirs des grandes villes, le rap est devenu en vingt-cinq ans une composante incontournable du paysage musical américain et mondial. Ses stars, qui empruntent volontiers à la rue et aux gangs ses looks et ses langues, sont Diddy, Eminem (un Blanc) ou 50 Cent. Ces derniers sont les plus gros vendeurs de disques et de téléchargements légaux d'albums ou de titres. Autre succès : le R'n'B, soit un dérivé moderne du classique « rythm'n blues » et du funk dont les maîtres des années 1970 s'appelaient Marvin Gaye ou Isaac Hayes. Aujourd'hui, Beyoncé, Usher remplissent les stades. Des stars de la pop music abordent égale-

Le polar américain

Enraciné dans la culture populaire, le roman policier « noir » américain à la Raymond Chandler se renouvelle avec James Ellroy, Michael Connelly ou l'ironique Donald E. Westlake.

le choc du 11/09/01 | histoire | institutions | la démocratie américaine

ment ce genre, porteur commercialement : Mariah Carey et Madonna ont effectué un virage artistique plus ou moins réussi.

Le super-héros, obsession hollywoodienne

Depuis 2000, l'adaptation sur grand écran de bandes dessinées populaires mettant en scène des héros aux pouvoirs supranaturels ont fait florès. Bien que Batman ait ait sa série télévisée dès les années 1960, avant de revenir une première fois au cinéma en 1991 et que Superman ait explosé le box-office dans les années 1980, c'est une véritable folie qui s'est emparée de l'industrie cinématographique. Daredevil, Hulk, Batman (encore), Superman (encore), les X-Men, les 4 Fantastiques ou Iron Man font les joies des grands studios. À la télévision, les séries du même type apparaissent, telles que *Heroes* ou *Medium*. Certains observateurs expliquent ce phénomène par le traumatisme du 11 septembre 2001 et le besoin de l'Amérique de se sentir puissante, dans une phase historique de vulnérabilité. Plus concrètement, il s'agit souvent d'un retour sur investissement garanti pour les grandes productions, qui prennent de moins en moins de risques commerciaux. Autre fait intéressant : peu de super-héros au féminin, à quelques exceptions près. Le filon est également très bien exploité avec les parodies de films de super-héros, en premier lieu le film d'animation *Les Indestructibles*. Quand Hollywood rit de… Hollywood ! Toujours au cinéma, dans la même période récente, on observe une recrudescence et un retour à la mode des films d'horreur, voire d'épouvante. Public principalement ciblé : les adolescents, qui achètent facilement les produits dérivés. La saga des *Saw* est particulièrement critiquée pour la violence de ses scènes d'horreur. Mais les spectateurs semblent satisfaits : en cinq ans, la série compte déjà… cinq épisodes.

Edward Hopper (1882-1967)

Ce peintre réaliste du quotidien, qui a longtemps séjourné en France dans sa jeunesse, signe une œuvre engagée dans une vision de désenchantement des paysages urbains américains, marqués par l'isolement et la banalité.

L'imaginaire artistique américain semble ne jamais s'épuiser et continue d'être un modèle pour de nombreux pays.

L'ère de la TV et d'Internet

L'Amérique est entrée dans l'époque du « tout image » dès les années 1960. La télévision, média phare aux enjeux financiers colossaux, doit maintenant faire avec Internet.

Google

Élue « meilleure entreprise » américaine pour son « bon vivre » en 2007, la société de Mountain View offre à ses salariés des avantages incomparables : de la piscine à la cuisine biologique.

Les sitcoms

Les « comédies de situation » sont un produit typiquement américain destiné aux familles. Elles sont tournées en public et durent vingt minutes. Les séries *Friends* ou *Seinfeld* ont été les grands succès des années 1990-2000, sans trouver de réels successeurs.

La télévision est devenue un enjeu financier énorme et son influence auprès des jeunes est considérable.

L'industrie du divertissement et de l'information

Le petit écran est présent dans 98 % des foyers américains. Apparu en 1927, il faut attendre les années 1950 pour qu'il soit répandu. En politique, la télévision devient un outil de communication incontournable avec la présidence Kennedy. Quatre grands *networks* (réseaux) hertziens privés dominent le paysage audiovisuel. ABC, NBC, CBS et Fox sont relayés dans tout le pays. Seule chaîne publique, PBS se veut une chaîne éducative et de qualité. Les milliers d'autres stations sont locales et privées. Les États-Unis ont créé le feuilleton quotidien (*soap opera*), intrigues familiales filmées en studio. Le sport occupe une très grande place avec le basket, le base-ball ou le football. L'information est surtout locale. Il existe un journal du soir national sur les grandes chaînes ainsi que des magazines de reportages. On dénote toutefois une évolution du genre « information ». Des *talk-shows*, censés informer, font en réalité du spectacle. C'est l'*infotainment*, un mélange d'information et d'*entertainment* (divertissement).

Internet : concurrent ou complément ?

L'immense majorité des foyers américains est connectée à Internet. Ce dernier se pose désormais en concurrent de la télévision, en offrant la possibilité au public de télécharger les œuvres de fiction, à prix modique. Ces nouveaux moyens de diffusion mettent-ils en péril le modèle de production ? À noter que chaînes de télé et géants d'Internet ont commencé à se regrouper. Exemple : AOL-Time Warner, qui regroupe les services internet, du câble et des chaînes NBC et CNN.

le choc du 11/09/01 | histoire | institutions | la démocratie américaine

Le sport

La société américaine est imprégnée de sport. Elle voit dans l'effort et la compétition le reflet de son propre visage. De plus, le sport peut être synonyme de réussite sociale lorsqu'on échoue ailleurs.

Le sport dans la vie quotidienne

Le sport s'impose dans la vie des Américains dès leur plus jeune âge. Le rythme scolaire permet de se consacrer au sport l'après-midi. De la maternelle à l'université, on peut faire « carrière » dans un sport et arriver à un niveau compétitif. Environ 60 % de la population pratique un sport, dont 20 % régulièrement.

Le sport professionnel

Il s'organise en ligues et son calendrier s'établit en saisons : le base-ball se pratique au printemps, le hockey et le basket en hiver (en salle) et le football débute à l'automne. Les ligues de basket, de football ou de base-ball sont divisées en deux zones, l'est et l'ouest. Pour le championnat national de football, les équipes de la conférence Est, par exemple, s'affrontent entre elles. La meilleure équipe affronte en finale du Super Bowl la meilleure équipe de l'ouest (la finale est suivie par plus de la moitié des téléspectateurs du pays).

Les grands sportifs américains

Des champions américains sont passés dans la légende. Mohammed Ali est le boxeur le plus célèbre de la planète. En athlétisme, Carl Lewis a marqué l'histoire avec neuf médailles d'or en quatre olympiades. Le basketteur Michael Jordan fait partie du panthéon du sport. Les sœurs Williams se sont imposées sur la scène mondiale du tennis. Tiger Woods est d'ores et déjà le plus grand golfeur de tous les temps. Quant à Lance Armstrong, véritable héros de la lutte anticancer, il a remporté le Tour de France sept fois d'affilée.

Le fléau du dopage

Le dopage touche les sportifs professionnels, mais aussi les amateurs. Si les produits les plus sophistiqués sont interdits, l'usage d'anabolisants est toléré, voire encouragé. Toute la société tend vers la performance.

Les États-Unis sont la première nation sportive au monde, tant par la pratique quotidienne que par le succès des professionnels.

Les paradoxes
d'une culture mondiale

Y a-t-il un impérialisme culturel
américain ? La position dominante
du modèle américain provoque
résistances, contestations et émergence
de contre-modèles.

Le Coca-Cola

Inventé en 1886,
ce soda à la formule
secrète s'exporte
dans le monde
entier, symbolisant
la puissance
économique
américaine. Pepsi,
son concurrent,
n'a pas dit son
dernier mot.

Le modèle américain à la conquête du monde ?

Lorsque le mode de vie et la culture, au sens large, de la première puissance économique mondiale se propagent, c'est obligatoirement à l'échelle planétaire. Depuis vingt ans, les États-Unis n'ont plus d'adversaire idéologique, les barrières s'étant toutes effondrées. Avec la mondialisation de la communication et des « produits culturels », on assiste à une certaine « américanisation » de la société, soit par importation directe du modèle américain, soit par adaptation. C'est le cas des pays d'Amérique latine qui se situent dans la sphère d'influence directe de Washington, mais également de l'Europe et notamment de la France, bien que l'on s'en défende ! Le monde du spectacle est l'exemple le plus criant. Le rock et plus récemment le rap et leurs dérivés, par essence conformes à la société américaine car porteurs de revendications ethniques et sociales, sont les genres de musique les plus présents dans le paysage actuel. Au cinéma, on assiste depuis quelques années à l'émergence en France de films strictement pour adolescents façon séries B hollywoodiennes. Une telle segmentation du public n'existait pas auparavant. Quant à la télévision, elle se contente parfois d'acheter un « concept » d'émission tout entier et de le produire en « VF ». Plus profondément, le rapport des Européens aux loisirs a également été modifié en quelques années.

le choc
du 11/09/01

histoire

institutions

la démocratie
américaine

Le rythme de la semaine s'apparente de plus en plus au rythme de l'« *American way of life* » et l'aspect consommation de loisirs (cinéma, sports, parcs d'attractions) colle au modèle d'outre-Atlantique. En économie, les structures d'actionnariat des sociétés françaises et la « gouvernance d'entreprise » ont tendance à évoluer vers le modèle anglo-saxon. Dans le domaine politique, la communication à outrance et la mise en scène de la vie privée des hommes et femmes politiques proviennent du modèle américain. Les élections primaires, pourtant précisément réglées pour le modèle fédéral, ont été importées en France pour la première fois lors des campagnes présidentielles de 1995 et de 2007 : au Parti socialiste, les militants ont directement voté pour choisir leur candidat. Enfin, on peut noter l'importation du modèle judiciaire américain dans la législation française. En février 2004, le gouvernement a présenté une loi réformant le code pénal et prévoyant « le plaider coupable » pour les accusés. Une aberration selon les avocats français, une méconnaissance, en tout cas, du système judiciaire américain, qui repose plus largement sur l'argent et les indemnités.

CNN

Cable News Network est née en 1980. Première chaîne mondiale d'information continue, elle a révolutionné le rapport à l'actualité. Diffusée sur les cinq continents, bien que légèrement en déclin, elle représente pour beaucoup « la » voix de l'Amérique.

Les foyers de résistance

Face à un modèle de référence unique, les contestations se font automatiquement nombreuses. Aujourd'hui, dans de nombreuses parties du monde, les slogans anti-américains fleurissent. On assiste à un renforcement des identités locales ou régionales. L'intégration européenne, l'association des États d'Asie du Sud-Est et de ceux d'Amérique latine sont en quelque sorte une réponse au monde unipolaire actuel. Le contre-modèle altermondialiste va aussi dans ce sens. À l'intérieur de l'Hexagone, on assiste au retour au terroir, à l'associatif, et les « symboles » de l'Amérique sont parfois directement attaqués. Après un monde bipolaire, puis unipolaire, va-t-on enfin vers une planète multipolaire ?

Multifacette à l'intérieur, le modèle culturel américain, uniformisé vu de l'extérieur, se répand sur les cinq continents. Mais il se heurte à de plus en plus de résistance.

Glossaire

Bretton Woods : en 1944, cette ville du New Hampshire accueille une conférence monétaire rassemblant 44 pays. Les accords passés pour retrouver la stabilité économique mondiale aboutissent au retour à l'étalon-or, qui sera de fait un étalon-dollar, les trois quarts des réserves d'or mondial étant aux États-Unis. Le système a pris fin en 1971.

Crise des missiles : en octobre 1962, l'URSS installe secrètement plusieurs missiles sur l'île de Cuba, à quelques dizaines de kilomètres de la Floride. Après treize jours pendant lesquels le monde retient son souffle, Khrouchtchev démantèle son installation face à la fermeté de Kennedy.

Christian Coalition : cette association religieuse ultraconservatrice s'est développée dans les années 1980, à l'ombre des années Reagan. Active et puissante dans le Sud, la Christian Coalition est aujourd'hui assez puissante au sein du Parti républicain. Elle a pour credo les « valeurs familiales », la lutte contre l'avortement, contre la libéralisation des mœurs, contre l'immigration et prône un renforcement des États face au centralisme fédéral.

Impeachment (« empêchement ») : prévue dans la Constitution, cette procédure exceptionnelle peut aller jusqu'à la destitution de tout fonctionnaire de l'État fédéral, au premier rang desquels le Président. La Chambre des représentants peut mettre ce dernier en accusation pour des faits de trahison. C'est le Sénat, transformé en tribunal, qui peut prononcer l'« empêchement » du Président.

Jeudi noir : le 24 octobre 1929, suivi du Mardi noir (le 29), a eu lieu le plus grand krach boursier de l'histoire des États-Unis. Ces journées ont vu plusieurs dizaines de personnes se suicider devant l'ampleur du désastre économique et financier.

Maccarthysme : de 1950 à 1954, le sénateur républicain Joseph McCarthy traque les communistes censés noyauter l'administration. Lors de cette chasse aux sorcières, de nombreuses personnalités, dénoncées à raison ou à tort, ont été condamnées ou ont dû quitter le pays, tel Charlie Chaplin.

Melting-pot : le mythe du « creuset » du multiculturalisme américain est né en 1908 sous la plume du dramaturge anglais Israel Zangwill. Pour lui, les États-Unis ont donné naissance à une nationalité.

New Deal (« nouvelle donne ») : en 1933, pour faire face à la crise économique, le nouveau président démocrate Roosevelt lance un programme ambitieux fondé sur des grands travaux initiés par l'État fédéral. Objectif : relancer l'emploi et les investissements.

OTAN : l'Organisation du traité de l'Atlantique Nord a été fondée en 1949. Il s'agit d'une alliance militaire entre les États-Unis et ses alliés occidentaux, parmi lesquels le Canada, le Royaume-Uni, la France, la Belgique.

Race (*racial*) : les Américains utilisent le mot « race » sans connotation négative. Il désigne l'origine ethnique d'une personne : de race noire, asiatique, etc.

Salt, Start (traités) : les deux puissances soviétique et américaine signent en 1972 un premier traité de limitation de l'armement (Salt 1), puis un second en 1979 (Salt 2). En 1986, Reagan et Gorbatchev signeront les accords Start de réduction de l'arsenal nucléaire.

Self-made-man : littéralement « l'homme qui s'est fait tout seul ». Cette expression désigne une personne qui, partie de rien, devient riche.

Shérif : élu par la population pour une durée qui diffère selon les comtés et les États, le shérif s'occupe de la sécurité et de l'ordre, à l'instar de la police, en zone non urbaine.
Suburbs : ce terme, qui signifie « banlieue », désigne les villes en zone rurbaines, situées entre ville et campagne.

Taylorisme : méthode d'organisation du travail industriel. F. Taylor, ingénieur, estimait que la spécialisation et la suppression de toute tâche inutile améliorait la productivité.

Thanksgiving : « Merci d'avoir donné ». L'une des fêtes les plus importantes aux États-Unis. Commémorée le 27 novembre, elle marque l'« action de grâce », le repas offert par les Indiens aux Pères pèlerins en 1620.

Veto : le Président dispose du droit de veto, c'est-à-dire de suspension d'une loi votée par le Congrès. Mais il n'est pas définitif si le Congrès vote le même projet à la majorité des deux tiers.

Watergate : en 1972, des proches de la Maison-Blanche échouent dans leur tentative de cambrioler un bureau du Parti démocrate dans l'immeuble du Watergate. L'affaire est révélée par le *Washington Post*. En deux ans, plusieurs conseillers du président Nixon sont contraints à la démission. Nixon lui-même, en août 1974, préfère quitter le pouvoir en pleine procédure d'*impeachment** contre lui, pour entrave à la justice.

Les grandes dates des États-Unis

1492 découverte « officielle » de l'Amérique par Christophe Colomb.

1607 fondation de Jamestown, en Virginie, par les premiers colons anglais.

1613 fondation d'un comptoir néerlandais sur l'île de Manhattan.

1620 arrivée des Pères pèlerins dans le Massachusetts à bord du *Mayflower*.

1760 huit des treize colonies sont placées sous le contrôle direct de Londres.

1764 le Sugar Act est la première cause de la future indépendance.

1775 guerre entre les colons américains et les Anglais.

1776 indépendance des États-Unis d'Amérique.

1787 adoption de la Constitution.

1812-1815 « deuxième guerre d'Indépendance » contre les Anglais. Nouvelle victoire américaine.

1820-1838 plusieurs milliers d'Indiens sont décimés par les Blancs.

1843 début de la « conquête de l'Ouest ».

1861-1865 guerre de Sécession.

1898 guerre contre les Espagnols.

1901 protectorat américain sur Cuba.

1908 la Ford T, première voiture fabriquée en quantité, est mise en vente.

1917 le 6 avril, les États-Unis entrent en guerre contre l'Allemagne.

1918 le président Wilson établit son programme de paix en quatorze points. Il est le premier Président à se rendre en Europe.

1928 Walt Disney crée Mickey Mouse.

1929 le 24 octobre, le Jeudi noir change la face de l'économie mondiale.

1933 Franklin Roosevelt, aussitôt élu, lance son New Deal.

1937 loi de neutralité, qui sera amendée en 1939.

1941 la charte de l'Atlantique est signée par Churchill et Roosevelt. Le 7 décembre, les Japonais attaquent Pearl Harbour, base navale américaine à Hawaii. Les États-Unis entrent en guerre.

1944 débarquement en Normandie, le 6 juin.

1945 les 6 et 9 août, les Américains lancent les bombes atomiques sur Hiroshima et Nagasaki, au Japon.

1947 le secrétaire d'État Marshall lance son plan de reconstruction de l'Europe. Truman propose sa doctrine d'« endiguement » du communisme.

1949 naissance de l'OTAN.

1950 début de la « chasse aux sorcières » du sénateur McCarthy. Début de la guerre de Corée.

le choc du 11/09/01 | histoire | institutions | la démocratie américaine

1954 la Cour suprême déclare illégale la ségrégation raciale dans les écoles.

1959 l'Alaska et les îles Hawaï rejoignent l'Union.

1961 échec du débarquement américain dans la baie des Cochons, à Cuba. Construction du mur de Berlin.

1962 crise des missiles à Cuba.

1963 la marche des Noirs sur Washington rassemble plusieurs millions de personnes au mois d'août. Martin Luther King « fait un rêve ». Le 22 novembre, Kennedy est assassiné à Dallas.

1964 loi sur les droits civiques. Premiers bombardements sur le Vietnam du Nord.

1965 émeutes noires de Watts, à Los Angeles. Les soldats américains participent aux combats au Vietnam.

1968 les communistes envahissent le Vietnam du Sud. En avril, Martin Luther King est assassiné. En juin, Robert Kennedy, candidat à la présidentielle, également.

1969 le 20 juillet, Neil Armstrong et Buzz Aldrin marchent sur la Lune.

1973 arrêt des combats au Vietnam avec les accords de Paris.

1974 Richard Nixon démissionne suite au scandale du Watergate.

1975 les communistes s'emparent de Saigon au Vietnam du Sud.

1978 accords de Camp David entre Israéliens et Égyptiens, sous l'égide de Jimmy Carter.

1979 prise d'otages à l'ambassade américaine de Téhéran, en Iran.

Ils seront libérés le 20 janvier 1981, après l'investiture de Reagan.

1983 débarquement des marines à Grenade.

1987 rencontres Reagan-Gorbatchev sur le désarmement nucléaire.

1989 en novembre, le mur de Berlin tombe.

1991 première guerre du Golfe contre l'Irak. En décembre, l'Union soviétique est disloqué.

1993 accords israélo-palestiniens sous le parrainage de Bill Clinton.

1998 le président Clinton est éclaboussé par une liaison avec une stagiaire, Monica Lewinsky.

1999 guerre du Kosovo. Bombardement de la République de Yougoslavie de Milosevic.

2000 l'élection présidentielle tourne à l'imbroglio dans l'État de Floride. George W. Bush l'emporte sur Al Gore suite à une décision de la Cour suprême.

2001 le 11 septembre, des commandos suicide islamistes provoquent des crashs d'avions de ligne à Washington et à New York.

2002 bombardements sur l'Afghanistan.

2003 deuxième guerre du Golfe contre l'Irak.

2004 second mandat de George W. Bush.

2008 Barack Obama est élu Président des États-Unis. Il est le premier Noir à occuper cette fonction. La crise financière provoque la plus grave crise économique depuis les années 1930.

Bibliographie

Pour aller au-delà de cette synthèse
et approfondir la connaissance des
États-Unis, il est nécessaire de se référer
aux quelques ouvrages cités ci-dessous.

Ouvrages historiques généraux
Pour découvrir un continent en friche
à l'arrivée des colons français et anglais :
BÉRANGER (Jean), DURAND (Yves),
MEYER (Jean), *Pionniers et colons en
Amérique du Nord*, Armand Colin, 1974.

Deux condensés remarquables de
l'histoire et de la civilisation américaines :
DURPAIRE (François), HARTER (Hélène),
KASPI (André) et LHERM (Adrien),
La Civilisation américaine, PUF, 2006.
KASPI (André), *Les Américains*,
coll. « Points Histoire », Seuil,
2 tomes, 2008.

Afin de mieux comprendre la politique
étrangère des États-Unis :
NOUAILHAT (Yves-Henri), *Les États-Unis
et le monde au XXᵉ siècle*, coll. « U »,
Armand Colin, 2000.

Institutions et système politique
Les textes institutionnels fondateurs
commentés par les meilleurs spécialistes :
Documents d'études n° 1.01,
Les Institutions des États-Unis,
La Documentation française, 2005.
HOWARD (Dick), *Aux origines de la pensée
politique*, Hachette Littératures, 2008.

Et pour aller plus loin dans l'analyse :
HAGE (Armand), *Le Système judiciaire
américain*, Ellipses, 2000.
LASSALE (Jean-Pierre), *Les Partis
politiques aux États-Unis*,
coll. « Que sais-je ? », PUF, 1987.

LASSALE (Jean-Pierre), *La Démocratie
américaine, anatomie d'un marché politique*,
coll. « U », Armand Colin, 1991.
LEON (Enrique), *Démocrates et républicains
aux États-Unis au XXᵉ siècle*,
coll. « Synthèse », Armand Colin, 1998.
TOINET (Marie-France), *Le Système
politique des États-Unis*,
coll. « Thémis », PUF, 1987.

Biographies - Autobiographies
Pour vivre le parcours d'hommes
historiques (les autobiographies étant
à prendre, évidemment, avec le recul
nécessaire) :
AMBROSE (Stephen), *Nixon*,
Simon & Schuster, 2 volumes, 1989.
BUSH (George), SCOWCROFT (Brent),
*À la Maison-Blanche, quatre ans pour
changer le monde*, Odile Jacob, 1998.
CARTER (Jimmy), *Keeping Faith*,
Bantam, 1982.
KASPI (André), *Kennedy, les mille jours
d'un président*, Armand Colin, 1993.
KASPI (André), *Franklin Roosevelt*,
Fayard, 1988.
SERINA (Guillaume), *Barack Obama,
le premier Président noir des États-Unis*,
L'Archipel, 2008.

Sans oublier le passionnant récit
de l'intérieur de la Maison-Blanche
sur la crise de Cuba :
KENNEDY (Robert), *Treize jours, la crise
des missiles de Cuba*, Grasset, 2001.

Société
Parmi les innombrables livres parus
sur l'aspect « société » des États-Unis,
quelques ouvrages de référence :
BACHARAN Nicole, *Les Noirs américains*,
Éditions du Panama, 2008.
BRENDER (A.), PISANI (F.),
Le Nouvel âge de l'économie américaine,
Economica, 1999.

DEYSINE (Anne), *Les États-Unis aujourd'hui : permance et changements*, coll. « Les études de la Documentation française », La Documentation française, 2006.

GHORRA-GOBIN (Cynthia), *Villes et société urbaine aux États-Unis*, coll. « U », Armand Colin, 2003.

KASPI (André), *La Peine de mort aux États-Unis*, Plon, 2003.

LACORNE (Denis), *La Crise de l'identité américaine*, Gallimard, 2003.

RICHET (Isabelle), *La Religion aux États-Unis*, coll. « Que sais-je ? », PUF, 2001.

SALMON (Frédéric), *Atlas historique des États-Unis, de 1783 à nos jours*, Armand Colin, 2008.

Et quelques opinions personnelles développées avec talent :

BEHR (Edward), *Une Amérique qui fait peur*, Plon, 1995.

KASPI (André), *Comprendre les États-Unis d'aujourd'hui*, coll. « Tempus », Perrin, 2008.

SCHLESINGERN Jr (Arthur), *La Désunion de l'Amérique, réflexions sur une société multiculturelle*, Liana Levi, 1993.

Culture

Rien de mieux que de découvrir la littérature, la musique ou le cinéma américains par soi-même. Néanmoins, pour la théorie :

BERTRAND (Claude-Jean), *Les Médias aux États-Unis*, coll. « Que sais-je ? », PUF, 1987.

BOSSENO (Christian-Marc), GERSTENKORN (Jacques), *Hollywood, l'usine à rêves*, coll. « Découvertes », Gallimard, 1992.

Index

Le numéro de renvoi correspond à la double page.

11 septembre 2001 6, 10, 53
Al Qaeda 6
Amérindiens (ou Indiens) 12, 14, 16, 18, 22, 30, 44, 48
Bush (George) 8, 24, 26, 34, 36
Bush (George W.) 6, 26, 28, 36, 50
Carter (Jimmy) 32, 34, 50
Cartier (Jacques) 12, 14
Clinton (Bill) 10, 24, 26, 36, 50
Colomb (Christophe) 12
Congrès 10, 16, 18, 22, 24, 26, 30, 32, 36, 40
Corée (guerre de) 20, 32
Cour suprême 6, 24, 28, 48
Cuba 20, 34, 44
Déclaration d'indépendance 16, 22
Démocrate (Parti) 10, 22, 26
Eisenhower (Dwight) 26, 32
Ford (Gerald) 24, 32, 36
Grands électeurs 28
Hussein (Saddam) 6
Jackson (Andrew) 30
Jefferson (Thomas) 16, 22, 26, 30
Johnson (Lyndon) 20, 26, 34, 42, 46
Kennedy (John F.) 20, 26, 30, 34, 46, 50, 54
King (Martin Luther) 46
Lincoln (Abraham) 10, 18, 26, 30
Malcolm X 50
Nixon (Richard) 8, 10, 24, 26, 30, 34, 36
Obama (Barack) 6, 8, 10, 40
Pères pèlerins 14
Républicain (Parti) 10, 26, 30, 32, 34
Roosevelt (Franklin) 10, 20, 26, 32
Truman (Harry) 20, 32
Vietnam (guerre du) 20, 34
Washington (George) 16, 22, 24, 26, 32
Watergate 20, 36

Les Essentiels Milan,
64 pages pour comprendre

**Autres titres sur le thème
« Pays » :**
La Chine au XXᵉ siècle : entre promesses
et défis (nº 52)
Israël : une histoire mouvementée (nº 80)
Questions sur les Palestiniens (nº 206)
L'Italie : de Mussolini à Berlusconi (nº 252)
L'Irak : de la dictature au chaos (nº 253)
Cuba : la révolution trahie (nº 265)
Le Québec (nº 291)

La collection « Les Essentiels Milan »,
c'est près de 300 titres déjà parus
dans les domaines suivants :
  Arts, littérature et culture
  Politique, droits et institutions
  Économie, nouvelle économie
  Histoire, pays et religions
  Philosophie
  Psychologie, psychanalyse et sciences humaines
  Sciences, médecine et bien-être
  Société et médias
  Pratique

Venez découvrir l'ensemble du catalogue
« Les Essentiels Milan » sur notre site :
www.editionsmilan.com

A collaboré à cet ouvrage :
Auriane Vigny
Maquette
Rachel Bisseuil
Infographie
Idée Graphic
Conception graphique
et couverture
Bruno Douin
Suivi iconographique
Anne Lauprête

Crédit photo
p. 3 : © William Manning / Corbis
p. 6 : © Rob Howard / Corbis
p. 14 : © Rue des Archives / /
The Granger Collection NYC
p. 20 : © Rue des Archives
p. 27 : © Rue des Archives /
The Granger Collection NYC
p. 34 : © FIA / Rue des Archives
p. 47 : © Rue des Archives

*Les erreurs ou omissions
involontaires qui auraient pu
subsister dans cet ouvrage malgré
les soins et les contrôles de l'équipe
de rédaction ne sauraient engager
la responsabilité de l'éditeur.*

© 2004 Éditions MILAN
300, rue Léon-Joulin,
31101 Toulouse Cedex 9 France

D. L. : janvier 2009
ISBN : 978-2-7459-3743-8
Imprimerie Hérissey, 27000 Évreux
Imprimé en France